江西理工大学清江学术文库

数字化时代大学英语翻转课堂新探索

New Exploration of College English Flipped Classroom in the Digital Era

俞婕 魏琳 著

北京
冶金工业出版社
2023

内 容 提 要

本书旨在见证和记录数字时代中国正在进行的这场翻转课堂教学改革，介绍如何将新一代信息技术赋能教育，以大学英语教学为例，阐释如何颠覆传统教学理念，充分融合数字化网络学习和传统课堂教学的优势，将知识传授与知识内化的过程颠倒和优化，对教学方式和活动进行合理重构，实现教学效能的大幅提升和培养自主型创新型人才。

本书具有鲜明时代特色和现实意义，理论基础扎实，内容体系新颖，支撑案例丰富，可供相关领域具有一定理论基础和实践经验的广大研究者、高等院校教学方案制定者和一线教师等参考。

图书在版编目(CIP)数据

数字化时代大学英语翻转课堂新探索＝New Exploration of College English Flipped Classroom in the Digital Era／俞婕，魏琳著．—北京：冶金工业出版社，2022.4（2023.5 重印）

ISBN 978-7-5024-9102-4

Ⅰ.①数…　Ⅱ.①俞…　②魏…　Ⅲ.①英语—课堂教学—教学研究—高等学校　Ⅳ.①H319.3

中国版本图书馆 CIP 数据核字(2022)第 050463 号

数字化时代大学英语翻转课堂新探索

出版发行　冶金工业出版社　　**电　　话**　(010)64027926
地　　址　北京市东城区嵩祝院北巷 39 号　　**邮　　编**　100009
网　　址　www.mip1953.com　　**电子信箱**　service@mip1953.com

责任编辑　杨盈园　美术编辑　彭子赫　版式设计　郑小利
责任校对　王永欣　责任印制　窦　唯
北京虎彩文化传播有限公司印刷
2022 年 4 月第 1 版，2023 年 5 月第 2 次印刷
710mm×1000mm　1/16；11.25 印张；219 千字；172 页
定价 68.00 元

投稿电话　(010)64027932　投稿信箱　tougao@cnmip.com.cn
营销中心电话　(010)64044283
冶金工业出版社天猫旗舰店　yjgycbs.tmall.com
(本书如有印装质量问题，本社营销中心负责退换)

前 言

数字经济是继农业经济、工业经济之后的主要经济形态。随着新一轮科技革命和产业变革深入发展，数字经济已成为世界各国抢抓发展新机遇、塑造国际竞争新优势的焦点，全球开始全面进入数字时代。

教育部在教育改革发展纲要中明确提出必须要在教育发展中重视信息技术带来的影响，要充分利用信息技术来推动教育的创新发展，通过教育和现代信息技术的融合来为学生提供符合现代社会发展的优质教育。研究如何在数字化时代将新一代信息技术赋能我国教育产业，并培育出新的教学模式，提高教育现代化，培养复合型、创新型优秀人才是时代给我们的命题，也是本书的社会价值所在。

翻转课堂就是诞生于数字时代和“互联网+”教育的发展浪潮之下，充分融合了数字化网络学习和传统课堂教学的优势，实现了对教学活动的重构，利用先学后教的模式来重新设计课堂教学流程和方法模式，把“学”作为课堂的中心环节，让“教”紧紧围绕“学”来展开，实现了教育的创新优化。翻转课堂的案例并不是教学技术或者设备的革新，它再次向人们证明了一个事实，即技术并不完全是有形的媒体和硬件，流程的变化也能带来生产力的巨大变革，如同三级轮耕对农业的变革一样。

基于微课的“翻转课堂”教学模式和“混合了直接讲解与建构主义的学习”的混合学习方式，把传统面对面教学方式的优势和 E-Learning（数字化或网络化教与学方式）的优势结合起来，实质上是新兴教学资源方式和新兴教学模式的有机结合，在国外已经开始应用并取得了较好的教学效果。国内翻转课堂的相关研究于2012 年开始出现，2013 年起就迅速发展起来。从国内公开发表的文献看，我国开展的翻转课堂实践研究最早始于基础教育阶段，近些年在大学教育中也有不少尝试翻转课堂的案例。在大学英语教学领域，国内众多学者和教学一线的工作者，如何朝阳、杨斌、方圆媛、李馨等人，在学习和评价国外相关研究工作者相关研究的基础上，针对如何通过基于微课的翻转课堂教学模式提升我国大学英语教学效果、翻转课堂在线支持环境和教学质量评价体系等问题展开了研究。这些研究都肯定了翻转课堂在提高学生自主学习和促进知识内化成技能方面有明显优势，但研究更多地集中在理念性、探索性、策略性的文章，对于实践中出现的问题则较少涉及。

本书在建构主义学习理论、认知负荷理论的指导和启示下，首先系统论述翻转课堂的基本教学理念、设计原则以及基本模式，然后介绍“慕课”、SPOC、微课等在线教学资源和二维码融数字课件的特征和制作方式等，最后结合大学英语课程特色和教学现状，形成翻转课堂的大学英语教学模式和评价体系。

本书在对大量教学模式和教学资源的分析和介绍后，通过翔实的学科案例的教学模式设计、操作步骤、应用方法以及效果测评的记录和分析，展示了数字时代翻转课堂教学模式改革的方法、过程、成效和反思，可供相关领域的政策制定者、研究人员和英语教师参考。本书共七章，俞婕撰写第 1~4 章及附录 1~3，魏琳撰写第 5~7 章及附录 4。

本书入选江西理工大学清江学术文库，是江西省教育科学“十三五”规划 2019 年度重点课题——“‘互联网+教育’背景下大学英语翻转课堂教学评价体系研究”（编号 19ZD004）和江西理工大学首批研究生课程思政示范课的部分研究成果。

由于作者水平有限，书中不妥之处，敬请广大读者批评指正。

作　者

2022 年 2 月

目　录

1　时代背景

1.1　数字化时代教育形态变革

1.1.1　不同时代教育方式的变迁

自进入21世纪以来，从全球范围看，随着信息技术、移动通信和人工智能的发展，人类已经从信息化初期跨入了信息化更为深入发展的数字时代。互联网无限丰富的学习资源、移动终端随时随地唾手可得及社交媒体的多重互动等特性，引发了教育教学领域的方式和媒介的大变革。互联网和大数据成为了一所没有围墙的学校，传统的学校课堂教学必须顺应时代的需求，更新教育理念并彻底改变教学方式才能真正调动学生的主动性、积极性及创造性，才能不被时代所抛弃。

“互联网+”这一概念是政府对信息通信技术和行业融合的具有前瞻性决策，极大推动了互联网与教育的深度融合及教育资源的供给和服务能力的提升，在教育思维层面上引发了“大众教育观、公民学习观、学校发展观、课堂教学观”的深刻改变。正确认识数字时代互联网促进教育变革的格局和发展规律，积极探索数字时代学习方式和教学方式的新形态，是抓住“互联网+”的时代机遇，深化教育综合改革，有效促进教育现代化的关键。

通过不同的教学策略运用有效的教学方式，将互联网数字资源、智慧学习环境及传统课堂一起，建立新型的“互联学习共同体”，动态构建有助于学生提高深层认知、高阶思维、应用能力、问题解决能力和创新能力的学习策略和教育方式，是传统高校教育改革的顺应时代的必然选择。表1-1展示了对比农耕时代、工业时代和数字时代的学习内容、学习方式、学习环境和学习时间的变化和发展。

表1-1　不同时代教育形态的变迁

教育形态 时代变迁	农耕时代	工业时代	数字时代
学习动力	改造自然环境、习得典籍或走仕途等	习得生产所需的科学知识和职业技能、人文素养	个人终生发展和个性化学习
学习内容	农耕知识、经史子集、道德规范	工业生产所需的科学知识、制造技能、人文知识	信息素养、学习创造能力、社会责任

续表 1-1

教育形态 时代变迁	农耕时代	工业时代	数字时代
学习方式	诵读、领悟、自学、个别指导	听教师讲授并操练标准化知识和技能	混合学习、合作探究、差异化、个性化
学习环境	家庭、书院等	学校班级或工作场所	学校和互联网空间
学习时间	固定地点和时段	固定封闭的地点和时间	无限空间弹性时间

通过教育发展的历史和教育时代的变迁回顾和反思，可以看到生产力是推动社会发展和人类需求相适应的教育的最终动力，影响着学习动力、内容、方式、环境和时间的变化。

在农耕时代，人类不再和原始时代一样只是通过模仿和体验来习得狩猎技巧，人们为了建立包括家庭、学校和社会教育在内的相对完整的教育体系，开始在家庭、书院、学堂等专门的地方固定的时段通过诵读和讲授的方式学习农耕知识、经史子集、道德规范等。从 18 世纪开始，人类步入蒸汽机时代，19 世纪人类又进入了电气工业时代，为了获得大规模工业生产所需的知识和职业技能，人们在固定的学校和班级中以标准化学习并操练课堂讲授知识的方式学习。20 世纪 70 年代，以计算机出现和普及为标志的第三次工业革命开始了，21 世纪人类进入互联网和自动化技术的信息时代和数字时代，标准化的知识和学习方式已经不能满足人类生产的需求，因为大量的机器和智能设备已经能够代替人类完成大量机械性的任务，科学技术也日新月异不断变化，个性化学习和终生发展的需求日趋强烈。随着培养目标和互联网络的普及，学习资源和空间从传统的封闭的学校课堂拓展到了无限的泛在的网络空间，学习方式也变成了联通学习、混合学习、合作探究等方式。

目前，我国的教育方式正处在工业时代和信息时代两个时代的变迁时期。“互联网+”战略将为教育的结构优化和变革发展带来重要的促进作用，应着眼于时代的前端，有针对性地进行教育改革的整体布局和设计，实现我国从教育大国向教育强国迈进。

近两年来，由于全球疫情的爆发，教育系统在疫情防控期间面向我国 50 多万所各级各类学校、1600 多万专任教师、2 亿多在校生开展大规模在线教育这一中国甚至全球历史上前所未有的创举，虽然是抵抗疫情的被迫之举，但也从一个侧面向世人展示了中国的信息化基础设施的建设成果和高度，实际上这是一次全球规模的信息化教学变革和一次开放教育资源的创举。

1.1.2 不同时代评价方式的变化

教学评价是教学的重要环节，是对教学效果的基本判断，为教学活动更有效地开展提供基本的依据。同时教学评价是课堂教学质量提升和课堂教学深化改革的关键环节，是教育评价系统的重要组成部分和研究重点之一。正因如此，相关研究才会一直成为改革开放以来教育研究的重点论域之一，并且成果丰硕，发展迅速，并且显现出越来越重要的价值。牛瑞雪概括梳理了改革开放后40来年我国教学评价研究发展的基本脉络，总结主要成果，对某些困惑的问题做出必要的反思和澄清，并展望教学评价研究未来的发展趋势。

起步阶段（1977~1986年）的十年是教学评价研究从“文化大革命”对教育领域破坏中复苏的时期，确定了教学评价是教学过程的重要环节，有了对评价方式的初步思考和教学评价标准的研究。研究者们提出这一阶段评价注重考查学生对知识的记忆，忽略了理解力和解决问题能力的考查，同时从教学目标、教学方法和师生互动多个角度探讨了好课的标准，但部分研究属于描述性和经验性的层面。随着改革开放的推进，国外关于教学评价的研究成果进入研究者的视野，包括学分制、“学科教学评价”“布卢姆学习分类思想”等内容也开始了初步的研究，但还是以介绍为主，没有与国内教学实际紧密结合，体系化的教学评价还未真正建立。

1986年到2000年处于积累阶段。1993年2月13日国务院印发《中国教育改革和发展纲要》提出“中小学要由应试教育转向全面提高国民素质的轨道，要建立各级各类教育的质量标准和评估指标体系”，教学评价研究由此迈上了一个新台阶，在数量和质量上都有大幅度提升。对于教学评价涉及的基本理论问题，如教学评价的定义、目标、原则、方法、标准、功能等都做了大量的研究，并有不少研究是基于学科特点和课堂教学质量的。另外还出现了关于教师教学行为的评价、教师对自我的评价及教学评价价值观等新问题的研究，对于国外的相关研究经验与我国的实际相结合展开，并更注重总体趋势的介绍和把握。总的来说，教学评价的研究更加系统和细致，教学评价的基本理论建立，价值导向的反思意识明显。

2001年至今是教学评价研究的迅速发展阶段。教育部大力推进基础教育课程改革和中高考改革，注重发展素质教育。“新课程”改革的全面实施，带动了学生学业评价的相关研究。新课程在课程和教学评价方面提出：要重视发展，淡化甄别与选拔，实现评价功能的转化；要重视综合评价，“关注个体差异”实现评价指标的多元化；要强调质性评价，定性与定量相结合，实现评价方法的多样化；要强调参与与互动、自评与他评相结合，实现评价主体的多元化；要注重过程，“终结性评价与形成性评价相结合”实现评价重心的转移。同时，教育界开始了对于有效教学的研究，从翻译和引进国外的研究起步，逐渐总结了对我国有效的教学模式经验，提出了有效教学的实质、衡量标准和具体方法等，在后期突破了有效教学是“有效率的教学”的常识，尝试概括完整的有效教学的含义：

有效教学就是教师在先进的教学理念指导下“合理统筹各种教学要素、选择和运用适合的教学策略”，促进学生在知识与技能、过程与方法、情感态度与价值观三个方面不断地进步与发展，满足社会和个人的教育价值需求的活动。

随着2017年新一轮课程标注的发布，各学科依据中国学生发展核心素养的基本框架构筑学科核心素养指标，并首次依据标准确立了表现性评价指标，这标志着我国教学评价进入了素养评价时代。

伴随日常教学中教育活动信息技术的参与和常态化运用，数据的收集、整理和分析、诊断都随着大数据技术的发展变得更加快捷和准确。借助信息技术可以使科学的量化调查工具、测评量表的使用更加迅速和准确。线上学习还可以借助信息技术收集学生的学习行为数据，实现长期数据的跟踪、收集；可以瞬间完成信息技术辅助量化测评；可以使教学评价的诊断功能发挥得更好；教师可以更准确地把握学生的学习情况及问题所在，更有针对性地向学生提供个性化的帮助。当然，在量化测评更容易、更快捷实现的情况下，还有很多问题需要注意和思考，例如如何正确收集、解释和运用量化评价数据，即如何科学对数据的解释和分析，有效利用数据对学生的学习进行正面的干预等。

1.2 国内外研究的发展和现状

1.2.1 国外研究的发展和现状

随着教育领域的深入发展，翻转课堂近年来成为全球教育界关注的热点，2011年还被加拿大《环球邮报》评为“影响课堂教学的重大技术变革”。翻转课堂的起源应归功于美国科罗拉多州落基山林地公园高中的两位化学教师Jon Bergmann和Araon Sams，在2007年前后，他们受到当地一个实际情况的困扰，有些学生由于生病无法按时前来上课，也有一些学生是因为学校离家太远而花费了过多时间在乘坐校车上，这样导致有些学生缺课而跟不上教学进度。为了解决这一问题，开始时，他们是使用录屏软件去录制RRS演示文稿和教师实时讲解的音频，然后再把这种带有实时讲解的视频上传到网络，以此帮助课堂缺席的学生进行补课。由于这些在线教学视频也被其他无须补课的学生所接受，经过一段时间以后，两位教师就逐渐以学生在家看视频、听讲解为基础，腾出课堂上的时间来为完成作业或实验过程中有困难的学生提供帮助。这样就使课堂上听教师讲解，课后回家做作业的传统教学习惯和教学模式发生了颠倒或翻转，变成课前在家里听看教师的视频讲解，课堂上在教师指导下做作业。在新教学模式实施过程中，上述在线教学视频也被其他的学生所接受并在更大范围传播开来。与此同时，两位教师的不同寻常的实践探索引起学校、家长和社会各界越来越多的关注，并经常受到同行的邀请去介绍经验，从而在落基山附近地区产生越来越大的影响，这就是翻转课堂的由来或起源。

翻转课堂虽然在2007年前后就已开始出现，但它真正能把自身影响力扩展至全美乃至全球还是3年以后的事，而这又和可汗学院的兴起密切相关，因为可汗学院解决了教师制作视频的困难。由美国人 Salman Khan 创立的可汗学院，把教学视频和互动练习软件整合，并提供在线评估和学习进度跟踪等学习工具，2009年正式成立了自己的教学网站，并在一年后得到了比尔·盖茨和谷歌公司的资助，大大提升了教学视频的质量和学习工具的性能；后来开发出“学习控制系统”及时收集学生的学习数据，为老师有效掌握学生学习情况和实施翻转课堂提供了重要的工具。到2011年，随着全球教育领域慕课的崛起，翻转课堂在课前的教学内容和方式也发生了很大的变化，更加注重师生间的互动和反馈，并倡导建立在线学习社区，使学习者产生沉浸式体验和参与感，这是传统的视频教学无法比拟的。

2013年 Armando Fox 提出了 SPOC（Small Private Online Course），即小规模专有在线课程，改变了慕课的教学形式、流程和结构，针对不同的教学目标和内容及学习者，将慕课和多样化的面对面授课有机结合起来，并降低学习者和教师管理的复杂性，增进自主学习动机，克服了慕课课程的完成率低，难以实现个性化学习，教学模式单一等问题。

总之，国外教育者对翻转课堂的起源、定义、内涵、实施方式都做了一定探讨，目前国外的研究以应用研究为主，主要集中在将翻转课堂运用于教学实践与传统教学模式的对比研究，以及探索翻转课堂与其他的教学方法或技术相结合的应用效果的研究等。虽然相对比较成熟，并形成了一些固定的模型，积累了一些研究和实践的经验，但仍然比较零散，缺乏对翻转课堂的内涵、特征、构成要素及优缺点等系统性的总结。

1.2.2　国内研究的发展和现状

国内翻转课堂的相关研究于2012年开始出现，2013年起就迅速发展起来。从国内公开发表的文献看，我国开展的翻转课堂实践研究最早始于基础教育阶段，近些年在大学教育中也有不少尝试翻转课堂的案例。目前的研究更多是介绍国外有关翻转课堂的研究理论，从概念内涵和方法路径等方面来对翻转课堂模式进行了初步研究，部分学者还研究了国内翻转课堂在教学实践中的课堂设计理念和方法等，并选择部分院校来开展翻转课堂教学实验。国内学界从理论上概括分析了翻转课堂的基本内涵、实质和教学优势，认为翻转课堂就是教师根据对相关教材内容的理解，来编辑制作包含教材知识内容的教学视频；学生则在课下通过观看教学视频来独立自主学习新知识，这样就把教学知识传递过程转移到了课堂外；学生在观看教学视频后通过参加测验来检验对于新课程知识的掌握情况，而后在课堂上来和其他学生、老师交流新知识和学习中的疑问，通过探讨和小组交流合作等方式来提高对于新知识的深层次认知掌握，这样就能够利用翻转课堂来实现更高质量的知识学习。刘军探究了学校课堂在“互联网+”时代的发展方向路径，蒋立兵和陈佑清则是选择高校文科班级来进行了翻转课堂的实验。

国内的研究多集中在中小学基础教学领域，并且较少结合具体课程开展实验研究，特别是忽视了针对微课设计制作策略及翻转课堂实施过程中课前、课内、课后活动设计的衔接和一体化。作者认为这种缺失产生的根源在于对翻转课堂的定位停留在流程翻转的层面上，没有充分理解翻转课堂的基本要义是教学流程变革所带来的知识传授的提前和知识内化的优化，忽视了背后隐藏的知识内化的基本原理。翻转课堂主要通过教学流程翻转，分解知识内化的难度，增加知识内化的次数，促进学习者知识获得。教师在具体实施翻转课堂过程中，要遵循知识内化基本原理，根据课型、学情分析，选择恰当的教学策略。

在大学英语教学领域，国内众多学者和教学一线的工作者，在学习和评价国外相关研究的基础上，针对基于微课的翻转课堂教学模式提升我国大学英语教学效果问题展开了研究。这些学者对基于微课的翻转课堂模式在我国大学英语教学中的应用做了较全面的可行性研究，有的研究微课教学模式和翻转课堂的设计策略和内化过程，有的对翻转课堂的教学质量评价体系、学生满意程度等问题进行了分析研究。研究者们普遍认为翻转课堂诞生于“互联网+”教育的发展浪潮下，充分融合了数字化网络学习和传统课堂教学的优势，实现了对于教学活动的重构，利用先学后教的模式来重新设计课堂教学流程和方法模式，把“学”作为课堂的中心环节，让“教”紧紧围绕“学”来展开，实现了教育的创新优化。

总之，国内学界对于翻转课堂的理论和实践研究起步比较晚，这些研究都肯定了翻转课堂在提高学生自主学习和促进知识内化成技能方面有明显优势，但研究更多地集中在理念性、探索性、策略性的层面，对于实践中出现的问题较少涉及。在翻转课堂实践研究方面，国内高等教育将大学英语教学列为基础课堂，而英语教学也是国内高等教育改革中的先行者，英语素养的高低会直接影响到学生的国际视野和其他学科的学习，因此很多高校都将英语课堂作为提升学生专业知识和国际化视野的关键所在。虽然国内推动大学英语教学改革已经取得了部分成就，但很多高校的英语教学仍然沿用了传统的教学模式，英语教师们更多依据教学大纲来设计英语课堂内容，而学生对于英语知识的消化吸收更多是在课堂外进行。

本书旨在探寻基于微课的翻转课堂模式在大学英语教学中的具体实施方式，检测教学效果和解决实际困难，通过与传统课堂教学方式班级作对比研究，对该模式在大学英语教学中的优势和存在的问题进行分析和反思，并据此提出相应的解决途径和建议，为今后开展相关教学与实践研究提供参考。

2 教学模式

教学模式，是指在相应的理论基础上，为达成一定的教学目标而构建的较稳定的教学结构或程序。最先将模式一词引入到教学领域，并加以系统研究的人是美国的乔伊斯（B. Joyce）和韦尔（M. Weil）。教学模式并不是一种计划，因为计划往往显得太具体、太具操作性，从而失去了理论色彩。将“模式”一词引入教学理论中，是想以此来说明在一定的教学思想或教学理论指导下建立起来的各种类型的教学活动的基本结构或框架，可以表现教学过程的程序性的策略体系。同时，教学模式，如 Joyce 和 Weil 所言，也可称为学习模式，一种教学模式就是一种学习环境。教学过程的核心就是创设一种环境。在这个环境里，学生能够相互影响，学会如何学习。教师在帮助学生获得信息、思想、技能、思维和表达方式时，也在教他们如何学习。事实上，教育的最终目的是提高学生的学习能力。

2.1 普通教学模式

2.1.1 教学模式的构成要素

通常，一个完整的教学模式包括以下 5 个基本构成要素：（1）理论基础，教学模式所依据的哲学、教育学、教育技术学等方面的基础；（2）目标倾向，教学模式是为特定的教学目标而构建的；（3）实现条件，促使教学模式发挥功效的各种条件（教师、学习者、内容、技术、策略、方法、时间、空间等）的优化组合；（4）操作程序，指特定的教学活动程序或逻辑步骤；（5）效果评价。

教学模式的这五个基本构成（见图 2-1）可以进一步简化为“一个前提两个要素”。一个前提——指任何一种教学模式都是以相关的理论为前提或做基础的；两个要素—— 一个是结构，一个是程序。教学模式既表现为一种结构——空间关系，亦即各种教学要素之间的稳定关系，也表现为一种程序（时间关系，活动步骤的先后次序）。

2.1.2 数字时代普通的大学英语教学模式

我国高校数字时代普通大学英语教学模式为利用多媒体集中授课与学生利用网络自主学习相结合。这种教学模式就是教师将自己所要讲的内容制作成多媒体课件，学生在教师的指引下通过观看多媒体课件的展示内容进行学习。课下学生

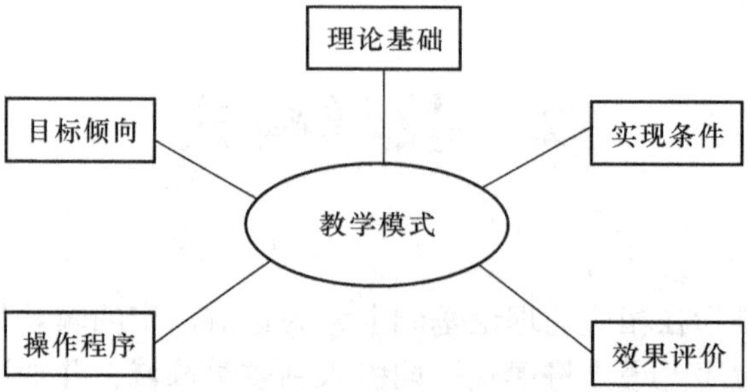

图 2-1 教学模式的构成

利用课余时间完成作业，并利用课余时间在与教材配套的自主学习平台上进一步巩固或深入学习。

相对于传统的只有教师讲授的模式而言，这种利用多媒体授课模式的优点在于可将图、文、声、像融为一体，使教与学的活动变得更加丰富多彩，同时寓知识学习、技能训练、智力开发于生动活泼的形象之中，从而激发学生的学习兴趣。学生利用课余时间的自主学习模式，一定程度上可以实现学生学习个性化的要求并突出学生的主体地位。

然而，有研究认为现行教学模式的缺点也是显而易见的。首先，播放多媒体课件时就像是电影一样一闪即过，知识点没有突出，学生记笔记跟不上老师播放的速度，使学生有挫败感而逐渐丧失学习英语的积极性；其次，在有限的课堂教学时间内，学生观看多媒体课件并不能及时地发现问题，只是教师的灌输而学生自己并不能很好地将知识内化，学生的主体地位没有真正得到体现；再次，学生课余的自主学习往往由于学习平台与教材配套的内容不够丰富多样，又缺乏教师的监管和指导而收效甚微，不能真正实现学生个性化学习的要求。

现行的教学模式中，课堂是知识传递的场所，而非是质疑问难、知识相遇、思想碰撞的场域，缺乏对学习问题的探讨和师生的互动交流。对课堂教学活动情况调研发现，学生普遍认为课堂讲解组织得较多，而头脑风暴、小组讨论等形式的课堂讨论组织得较少。因此，对课堂发言频率的自我评价相对较低，普遍认为自己在课堂讨论中的发言较少或几乎没有有价值的发言。

由此，造成课堂活跃程度评价较差（调查数据显示仅有 28.6% 的学生认为比较活跃），学生学习积极性较差。同时，数据分析发现，造成这种现象的原因有很多，如课堂所需讲授内容过多，没有足够时间进行启发和讨论，教师没能引起讨论（4.7% 的学生认为教师能非常好地提出问题，激发讨论；14.4% 的认为比较好；62.2% 的认为一般；其余的认为比较不能或非常不能），同时还应考虑课堂讨论文化不足造成的影响，调查发现学生普遍害怕在课堂上，特别是在集体面前发言（一点也不害怕或比较不害怕的仅占 25%），所以课堂的活跃程度也就不是很高。

2.1.3 大学英语教学模式改革的必要性

浅层次的评价水平并不能准确、有效地反映翻转课堂中学生的学习能力和学业水平，对那些积极参与课堂的学生有失公平，长远看来不能调动学生进行翻转课堂活动的积极性，无法按质按量完成翻转课堂的学习活动，达到翻转课堂的学习效果。另外，这样的评价方式可以通过考前突击记忆就能获得高分，同时忽视学生的个性发展和个体差异，并且对学生的英语语言实际应用能力重视不够，无法从客观评价学生的学习成效和能力水平等。

因此，要想更有效地利用多媒体，使学生将所学知识内化并真正实现学生学习个性化，需要更为完善、更为科学的大学英语教学模式。

2.2 翻转教学模式

2.2.1 翻转教学模式的理论指导

2.2.1.1 建构主义学习理论的指导

本书首先运用了建构主义学习理论来对翻转课堂及其教学评价进行研究。建构主义，就是哲学领域中兴起的对客观主义进行反思批判的思潮，并逐步渗透到现代教学理念中，从而改变了传统的教学观、课堂学习观、师生教学角色等，对于现代教育的创新发展起到了重要的推动作用。下面从建构主义的由来、对教学模式和方法特别是对英语教学的启发来阐释其理论基础的作用。

A 建构主义的由来和发展

建构主义（Constructivism）也译作结构主义，其最早是1968年瑞士的皮亚杰提出的。他是认知发展领域最有影响的一位心理学家，他所创立的关于儿童认知发展的学派被人们称为日内瓦学派。皮亚杰的理论充满唯物辩证法，他坚持从内因和外因相互作用的观点来研究儿童的认知发展。他认为，儿童是在与周围环境相互作用的过程中，逐步建构起关于外部世界的知识，从而使自身认知结构得到发展。儿童与环境的相互作用涉及两个基本过程："同化"与"顺应"。认知个体（儿童）就是通过同化与顺应这两种形式来达到与周围环境的平衡，当儿童能用现有图式去同化新信息时，他是处于一种平衡的认知状态；而当现有图式不能同化新信息时，平衡即被破坏，而修改或创造新图式（即顺应）的过程就是寻找新的平衡的过程。儿童的认知结构就是通过同化与顺应过程逐步建构起来，并在"平衡-不平衡-新的平衡"的循环中得到不断的丰富、提高和发展。这就是皮亚杰关于建构主义的基本观点。

1982年在皮亚杰的上述理论的基础上，科尔伯格（Lawrence Kohlberge）在认知结构的性质与认知结构的发展条件等方面作了进一步的研究；斯腾伯格和卡茨等人则强调了个体的主动性在建构认知结构过程中的关键作用，并对认知过程中如何发挥个体的主动性做了认真的探索；维果斯基创立的“文化历史发展理论”则强调认知过程中学习者所处社会文化历史背景的作用，在此基础上以维果斯基为首的维列鲁学派深入地研究了“活动”和“社会交往”在人的高级心理机能发展中的重要作用。所有这些研究都使建构主义理论得到进一步的丰富和完善，为实际应用于教学过程创造了条件。

B 建构主义的教学模式与教学方法

在研究儿童认知发展基础上产生的建构主义，不仅形成了全新的学习理论，也正在形成全新的教学理论。建构主义的教学模式是指在一定的教育思想、教学理论和学习理论指导下的、在某种环境中展开的教学活动进程的稳定结构形式。教学活动进程的简称就是通常所说的“教学过程”。众所周知，在传统教学过程中包含教师、学生、教材三个要素。在现代化教学中，通常要运用多种教学媒体，所以还应增加“媒体”这个要素。这 4 个要素在教学过程中不是彼此孤立、互不相关地简单组合在一起，而是彼此相互联系、相互作用形成一个有机的整体。既然是有机的整体就必定具有稳定的结构形式，由教学过程中的 4 个要素所形成的稳定的结构形式，就称之为“教学模式”。

那么，建构主义的教学模式应是怎样的呢？学生是认知活动的主体，不是外部刺激的被动接受者和知识的灌输对象，学习者的学习发生在与学习环境（包括学习资源、教师、学生和媒体）的交互之中。建构主义学习理论提倡教师指导下的、以学生为中心的学习；建构主义学习环境包含情境、协作、会话和意义建构四大要素。这样，就可以将与建构主义学习理论及建构主义学习环境相适应的教学模式概括为：“以学生为中心，在整个教学过程中由教师起组织者、指导者、帮助者和促进者的作用，利用情境、协作、会话等学习环境要素充分发挥学生的主动性、积极性和首创精神，最终达到使学生有效地实现对当前所学知识的意义建构的目的。”在这种模式中，学生是知识意义的主动建构者，而不是外界刺激的被动接受者；教师是教学过程的组织者、指导者、意义建构的帮助者、促进者，而不是知识的传授者、灌输者；教材所提供的知识不再是教师传授的内容，而是学生主动建构意义的对象；媒体也不再是帮助教师传授知识的手段、方法，而是用来创设情境、进行协作学习和会话交流，即作为学生主动学习、协作式探索的认知工具。显然，在这种场合，教师、学生、教材和媒体等四要素与传统教学相比，各自有完全不同的作用，彼此之间有完全不同的关系。但是这些作用与关系是非常清楚、非常明确的，因而成为教学活动进程的另外一种稳定结构形式，即建构主义学习环境下的教学模式。

C 建构主义对英语教学的启发

建构主义强调以“学”为中心，认为英语学习不仅是获得语言知识，更是创造性地运用语言结构，它突出了意义建构中学生的主体性和自主性，使学生由外部刺激的被动接受者和知识的灌输对象转变为发现信息、主动参与信息加工的主体和知识意义的主动建构者，而教师也从知识的传授者、灌输者转变为学生学习的组织者、指导者和帮助者。

建构主义教学观承认由于个人经历的不同，对于客观事物的理解不可能完全相同，它主张学习者在新知识的学习过程中结合个人先前的经历和已有的知识来加深对事物的理解。教师的重要任务是帮助学生在“学”的过程中进行新旧知识的有机结合，重视培养学生分析问题、解决问题和创造性思维的能力，发挥学生的自主性、能动性和创造性。

概而言之，建构主义作为反思、质疑、批判和制衡客观主义而兴起的一种哲学观，映射到教学领域，产生了建构主义教学哲学观或教学理念。这一理念在诸如知识观、课程观、学习观、教学观、评价观、教师角色、学生角色和师生关系等方面表现出独到的特征。其目标倾向是以促进学习者高阶能力发展为己任，能否促进学习者高阶能力的发展成为衡量教学模式价值的主要标准。这种高阶能力与“大学英语教学要求”和大学英语教学改革目标所提出的英语综合应用能力和自主学习能力相契合。

翻转课堂教学评价体系就是在建构主义的基础上所构建的，更加突出了学生在翻转课堂中的主体地位。通过对翻转课堂过程性和多元化的评价，能够激发学生自主学习探究的动力活力，深化学生对于课程知识的认知和消化吸收，促进学生创新性思维和实践能力的不断提高。教师在翻转课堂中的角色开始更多扮演学习活动的组织者和学生自主学习的指导者。所以，翻转课堂教学评价不仅要对教师的课堂设计和管理等开展评价，同时还要综合评价学生的学习策略、学习环境等。另外，建构主义提倡在教学中培养发展学生的高阶能力。而大学英语课程改革中明确提出要不断增强学生的语言综合运用能力，这正是学生高阶能力培养的重要体现，因而在构建翻转课堂教学评价体系中必须要重视对于学生高阶能力的培养。

2.2.1.2 多元智能理论带来的启发

A 认知负荷理论的定义和分类

认知负荷理论（Cognitive Load Theory，CLT）是由澳大利亚新南威尔士大学的认知心理学家约翰·斯威勒（John Sweller）于1988年首先提出来的，它以Miller等人早期的研究为基础，主要吸收和利用了现代认知心理学关于工作记忆和注意的研究成果。

认知负荷是在某种场合下施加到工作记忆中的智力活动的总的数量，对认知负荷起主要作用的是工作记忆必须注意的内容数量。认知负荷与教学设计、学习绩效有重要关联。认知负荷被看作是教学活动设计的一个重要因素，教学活动是否有效取决于（或部分取决于）它能否减少不必要的认知负荷。教学过程中，认知负荷过低，会造成时间浪费；认知负荷过高，又会阻碍学习者的信息加工活动；教学的理想模式是学习者可以满负荷工作。因此，教学设计的目的就是为了能够帮助学习者顺利开展学习活动，即用最少的心理资源获取最多的知识。从认知结构入手考虑教学设计，为教学设计提供了一种新的理论视角。认知负荷理论自被提出以来，得到了世界各地研究者的广泛关注和研究。认知负荷理论认为，影响认知负荷的基本因素是学习材料的组织呈现方式、学习材料的复杂性和个体的专长水平（即先前知识经验）。

心理学家加德纳在研究人类智能中对其进行了分类，提出了多元智能理论，认为人的智能包括了音乐智能、运动智能等八种不同的智能。在利用多元智能理论来对课堂开展教学评估时必须要遵循以下原则：（1）要刺激学生的强项发挥；（2）要坚持对不同智能进行评价；（3）学习评估要实现情境化；（4）对学生成长过程进行记录；（5）在教学全过程贯穿评估；（6）要从多个维度来开展评估；（7）利用评估来优化教学过程。

本书在构建翻转课堂教学评价体系中就借鉴了多元智能理论及其评估原则，特别是其提出的评价方式多维化、贯穿教学全过程等理念，是本文设计翻转课堂教学评价体系的重要理论依据。通过对翻转课堂开展评估来提高整个课堂的教学效果。

B 认知负荷理论的启示

基于认知负荷的视角分析国内教学的现状，可以发现两种较为普遍的现象：教学内容简单、教学组织单一的课堂，认知负荷过低，造成教学时间浪费；教学单元内容艰涩、知识点繁多的课堂，认知负荷过高，阻碍学习者的知识建构活动，教学进行十几分钟后学生注意力涣散。教学的理想模式是学习者可以灵活自主地针对某些具有较大学习价值的重难点、要点知识进行满负荷工作/学习，而所花费的时间不多。

由于微视频单个屏幕的信息量有限，人脑“内存”量较小，移动终端屏幕小，能显示的信息有限，单个屏幕内容过多不易让人在短时间内记住有效信息，所以要将每单元的知识合理分配到微视频每个屏幕上。每个微课程单元模块所选的微课程知识点必须足够细，10 分钟左右能够把重、难点讲解透彻。微课程单元学习内容要重点突出，这样才能帮助学生减少无关性认知负荷、增加相关性认知负荷，使学习者总的认知负荷保持在工作记忆容量许可范围内，从而进行有效的学习。如果所选的微课程的知识体系中包含许多相互关联的知识点，可以成系列分集来呈现。微课程单元内容选择时要注重其内在关联性，以一个知识主题为单位，组合到其他学科和内容体系中。微课程单元内容需进行结构化处理，因为知识本身是结构化的，结构化给学习者清晰的层次感，有利于学习。因此，微课的“短小精悍”很好地解决了学习者的问题，把教材内容进行碎片化、情景化、重组整合（统称为“微课化”），把复杂的教学内容制作成可融合于课堂、可移动地服务于开放教育和终身教育的视频单元，这也就是越来越多研究者探索微课融合于正规与非正规教育的原因。

2.2.1.3 现代语言测试理论带来的启发

翻转课堂在教学中的实践应用表明，教师必须要在课堂教学中注重提高自身的信息素养，利用网络平台来进行教学设计和评价，主动融合传统教育教学模式和现代信息技术，而在翻转课堂不断发展创新的背景下，传统的教学评价模式也将逐步被新的教学评价体系所淘汰。

虽然现代技术的发展实现了教学的智能化，但“互联网+”也给现代教育带来了一定的问题，这种教育模式更加突出数字化、虚拟化特征，学生在虚拟空间来接受知识而忽视了真实世界的接触。因此这种教学模式可能让学生在自主学习探究中产生对于技术过度的依赖，信息技术并没有实现传统教学问题的根除，而是将这些教学问题隐藏在了技术背后，因此就必须要强调翻转课堂教学实践中的价值导向。国内在教学中推广应用翻转课堂过程中，如果不能够构建与之相适应的教学评价体系，国内学生也会面临学习模式选择、评价标准设置和资源管理等方面的现实问题。

2.2.2 翻转教学模式的内涵和特征

正如焦建利教授2013年在他的博客中所言，翻转课堂的案例并不是教学技术或者设备的革新，它再次向人们证明了一个事实，即技术并不完全是有形的媒体和硬件，流程的变化也能带来生产力的巨大变革，如同三级轮耕对农业的变革一样。翻转课堂的出现，为教育技术学专业英语教学提供了一种新的教学方法。

2.2.2.1 翻转教学模式的内涵

翻转课堂，就是在信息化环境中，课程教师提供以教学视频为主要形式的学习资源，学生在上课前完成对教学视频等学习资源的观看和学习，师生在课堂上一起完成作业答疑、协作探究和互动交流等活动的一种新型的教学模式。也有学者认为，教学视频并非翻转课堂的核心，对传统教学流程的颠覆和基于“以学生为中心”的思考才是翻转课堂的真正含义，翻转课堂的成功得益于探究性学习和基于项目的学习带来的主动学习。

多家全球性在线教育公司和教育研究机构都对翻转课堂模式进行了研究和实践探索。Tech Smith 公司认为翻转课堂是学习者通过互动的、教师创建的视频在家中学习，而将家庭作业转移到课堂上的教学模式；英特尔全球教育总监 Brian Gonzalez 认为：“颠倒的教室是指教育者赋予学习者更多的自由，把知识传授的过程放在教室外，让大家选择最适合自己的方式接受新知识；而把知识内化的过程放在教室内，以便同学之间、同学和老师之间有更多的沟通和交流。”

翻转课堂教学模式是“混合了直接讲解与建构主义的学习”的一种混合学习方式，把传统面对面教学方式的优势和 E-Learning（数字化或网络化教与学方式）的优势结合起来。微课视频在翻转课堂教学模式中发挥着“教育资源”的属性和作用。本书主要探讨如何将新兴教学资源方式“微课”“慕课”“SPOC”、二维码融数字课件等和新兴教学模式——翻转课堂相结合，取得较好的教学效果。

传统教学通常是教师在课堂上讲课，布置家庭作业，让学生回家练习。这种“一个版本”针对所有对象授课，不同程度的学生听同样的课程内容，忽视学生个性化学习，普遍存在重理论、轻实践，重知识传授、轻能力培养，“学”“用”脱节等一系列问题。而翻转课堂是知识传授与知识内化的颠倒，翻转了传统课堂的教学结构，即学生课前在家里通过观看教学视频学习新知识，在课堂上做作业、交流、讨论、做项目或实验的一种教学形态。每个学生课前可以根据个人需要自定时间与进度学习，在课堂上，教师从传统内容的呈现者转变为学生的教练，与学生进行一对一交流，参与学生研讨小组，回答学生问题并进行个别指导，全面提升课堂互动机会，形成“以学生为中心”的个性化课堂。

2.2.2.2 翻转教学模式的特征

语言是社会实践的需要和产物，语言在交际中才有生命，才能体现其价值。学生只有在英语的使用过程中学会用英语进行交际，将语言知识转化为语言技能。尽管英语教学改革的重点之一就是改变过分注重教师语言知识的传授，忽略学生语言技能的培养，然而如何把培养学生的英语语言能力落到实处，是老师们和研究者应当不断思考和探索的。

正如建构主义学习理论所指出的，知识不是通过教师传授得到，而是学生通过意义建构的方式获得，如图 2-2 所示，翻转课堂拟将传统的知识传递放在课堂前完成，而课堂内增加了师生互动、生生协作等活动。老师成为协调者和指导者，从而很好地调动学生的主观能动性，激发学生学习的活力，更好地体现学生的主体地位，使得学生能更好地完成知识的建构和内化。

翻转课堂实施效果主要取决于两个环节：一是学生课前通过教师事先提供的视频学习新知识。视频制作是否能吸引学生，是否方便学生观看，知识体系的设置是否合理，知识点的讲解是否透彻，知识点训练的交互功能是否较强等都直接影响学生对新知识的掌握，从而对教师在知识体系的把握、视频制作技术等方面提出了更高的要求。二是通过组织课堂活动实现知识内化。丰富多彩的课堂活动如案例、项目的挑选，研讨问题的设计，课堂活动组织过程与形式等直接影响学生能力的提升及对知识的理解与内化。因此，对教师课堂活动的设计也提出了更高的要求。

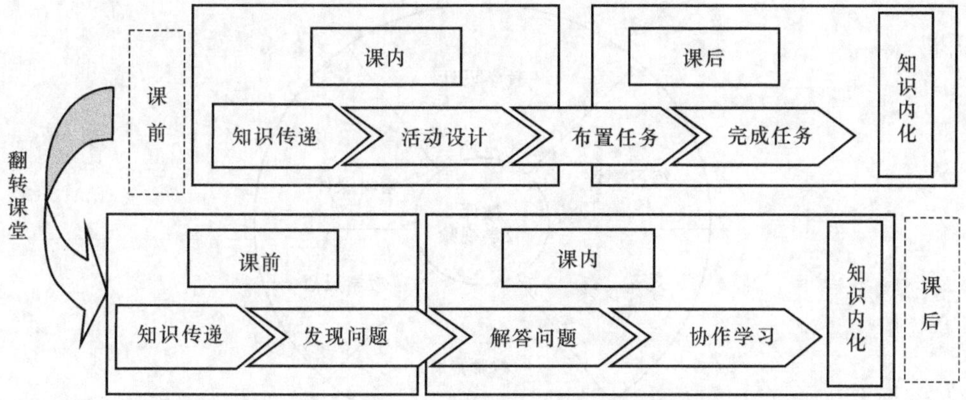

图 2-2 翻转课堂教学结构

混合式教学的概念随着信息技术的发展应运而生，强调充分利用信息技术创造网络学习环境，发挥学生在学习过程中的主动性、积极性与创造性的主体作用和发挥教师引导、启发、监控教学过程中的主导作用。基于已经习惯于从互联网获取知识、生活在数字化时代的大学生的学习现状，Dave Cormier 于 2008 年提出了“慕课”（Massive Open Online Course，MOOC）的概念，它对传统的教学方式产生了极大的冲击，极大地降低了知识获取的门槛，满足了不同层次的学习者的需求。但较之于传统的课堂教学，它存在教学模式单一、个体学习缺乏监控、结课率低及价值观培养、品德培养等人文影响缺失等现象。因此，基于 SPOC（Small Private Online Course）和课堂教学相结合的混合教学模式应运而生，强调根据学习者的特征、教学目标采用不同教学的设计将在线课程资源与课堂面授有机融合，针对小规模、特定人群对传统的教学设计和教学模式进行重构，形成融合在线学习和课堂学习的新的教学模式。

微课是“微型视频网络课程”的简称，它是以微型教学视频为主要载体，针对某个学科的知识点（如重点、难点、疑点、考点等）或教学环节（如学习活动、主题、实验、任务等）而设计开发的一种情景化、支持多种学习方式的在线视频课程资源。微课的核心内容是课堂教学视频（课例片段），同时还包含与该教学主题相关的教学设计、素材课件、教学反思、练习测试及学生反馈、教师点评等教学支持资源要素（见图 2-3），它们以一定的结构关系和呈现方式共同营造了一个半结构化、主题突出的资源单元应用“生态环境”。因此，微课既有别于传统单一的教学课例、教学课件、教学设计、教学反思等资源类型，又是在其基础上继承和发展起来的一种新型教学资源。

微课作为新型的教学资源，是传统课堂学习的一种重要补充和资源拓展。特

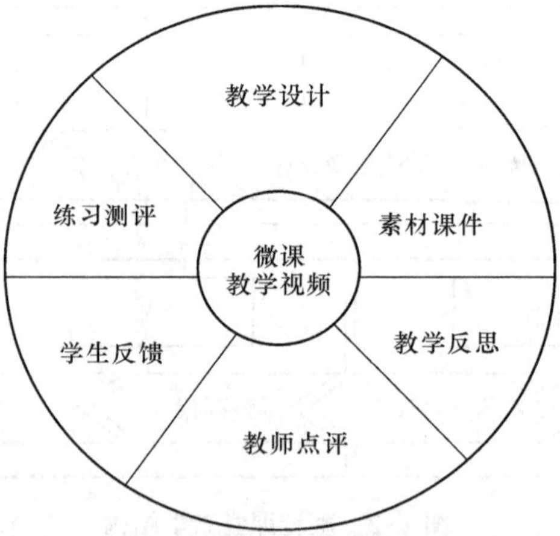

图 2-3 微课资源的要素

别是随着手持移动数码产品和无线网络的普及，基于微课的移动学习、远程学习、在线学习、泛在学习等将会越来越普及。

2.2.3 翻转模式的教学评价体系

翻转课堂就是诞生于“互联网+”教育的发展浪潮下，充分融合了数字化网络学习和传统课堂教学的优势，实现了对于教学活动的重构，利用先学后教的模式来重新设计课堂教学流程和方法模式，把“学”作为课堂的中心环节，让“教”紧紧围绕“学”来展开，实现了教育的创新优化的教学模式。

但是，国内目前仍然采用传统的评价模式来对翻转课堂进行教学评价，对于学生的课堂学习效果主要是依赖于纸面测试，通过测试结果来评价学生对于知识概念的理解掌握；对学习过程的实质性评价不足，更多是关注学生课堂出勤率和作业完成次数。课堂教学评价应该能够有效衡量翻转课堂的实际教学质量，能够通过评价反馈来帮助教师更好优化翻转课堂设计和教学内容，同时也能够引导学生在翻转课堂掌握更多学习技能。

2.2.3.1 翻转课堂教学评价的研究现状

翻转课堂对于传统教学模式的颠覆创新已经对教学评价手段提出了全新的要求。传统的教学评价更加注重结果评价而忽视了对于教学过程的评价，因而这种评价方式很难判断学生在翻转课堂中的实际学习效果，同时也无法激励学生更好参与到翻转课堂中。利用传统评价手段来对翻转课堂进行评价还会导致无法实现对于教学过程的有效诊断和反馈，这样就不能够及时对翻转课堂的流程环节进行优化。因此这就需要针对翻转课堂的实际特点来构建全新的教学质量评价体系。

国外部分学者已经开始研究翻转课堂教学评价理论并提出了一些评价方式，如 Jenny Moffett 就选择了兽医专业作为翻转课堂教学评价的案例进行分析；Randi 等人则是分析了本科商业课程在采用翻转课堂后的实践效果，提出教学评价必须要更加重视评估学生的自主学习能力、创新协作能力，必须要通过评价来将学生的学习过程、结果和行为联系起来，这样才能够提高学生参与翻转课堂的积极性。Jennifer 在构建翻转课堂评价体系时，将课前学习、课上实践、作业测试等不同环节作为指标来开展评价。

国内学者近年来也开始关注翻转课堂的教学评价。李馨等人认为传统模式的教学评价更多是表现出结果导向的特征，采用传统模式来进行翻转课堂评价就无法对学生的学习能力和课程成绩进行有效反映，从而造成对积极参与翻转课堂学生评价的不公平；部分学生在考试前通过应试准备突击等方式就能够获得高分，这就打击了学生参与翻转课堂的积极性；国内目前关于翻转课堂的教学评价研究还没有形成成熟完善的体系。卞金金认为翻转课堂的评价主体除了教育学者、教师外，还应当包括家长和学生；谢永朋，杨英歌则认为翻转课堂教学评价应当从课前教学视频、课上教学活动、讨论交流等多个角度进行；台盼盼选择了高校体育课堂来探究翻转课堂的评价模式，因为推动教学评价从结果型转向过程型应当更加关注对于课堂上协作性、过程性环节的评价；王永花则针对翻转课堂开展了教学评价指标和评价体系的建构；武小鹏，张怡则是利用 AHP-模糊矩阵来构建评价体系，指出翻转课堂教学评价要平衡好教学过程和教学成效；程洋洋则是针对翻转课堂构建了过程性的评价指标并进行了实践验证等。

目前国内学者更多是从宏观上来探究翻转课堂教学评价的原则、指标体系建构等，而很少提出具体可操作性的教学评价标准；同时现有文献也很少关注大学英语课程中翻转课堂的教学评价。传统的教学评价模式相对单一，更加注重对于课程成绩等的结果性评价，而没有能够对学生的课堂参与度、认知结构深度等进行合理评价，这就滞后于当前的翻转课堂发展实践，因此有必要创新优化翻转课堂教学评价体系构建。

2.2.3.2 传统教学评价体系的不足

传统教学的结果性评价方式主要存在评价目标单一、评价主体单一、评价内容单一、评价方式单一等缺点。这种评价体系所导致的问题很多，所评价的通常只是学习的结果，甚至只是认知学习的结果，评价不反映学习过程的状况，不反映态度、情感和价值观等方面的学习结果，学生不参与评价，只是被动接受教师的评价，缺乏对自己学习过程的反思。这种评价方式在很大程度上忽视了学生在学习中的主体性、能动性和创造性，对于评价主体之一的大学英语教师而言，这种评价方式也会遏制他们进行改革和探索教学内容与方式的积极性。传统的测试设计的内容往往倾注在认知领域中容易用纸和笔测验到的简单的知识技能，题型多为选择题，不重视学生的学习过程和日常的行为表现。

传统模式的教学评价更多是表现出结果导向的特征，采用传统模式来进行翻转课堂评价更多是属于浅层次的评价，无法对学生的学习能力和课程成绩进行有效反映，从而造成对积极参与翻转课堂学生评价的不公平，部分学生在考试前通过应试准备突击等方式就能够获得高分，这就打击了学生参与翻转课堂的积极性，无法引导学生利用翻转课堂来形成自己独特的学习模式，同时传统教学评价模式也不重视学生的英语语言运用能力，因而对于学生的语言素养等无法进行客观真实的评估。

浅层次的评价水平并不能准确、有效地反映翻转课堂中学生的学习能力和学业水平，对那些积极参与课堂的学生有失公平，长远看来不能调动学生进行翻转课堂活动的积极性，无法按质按量完成翻转课堂的学习活动达到翻转课堂的学习效果。另外，这样的评价方式可以通过考前突击记忆就能获得高分，同时忽视学生的个性发展和个体差异，并且对学生的英语语言实际应用能力重视不够，无法从客观评价学生的学习成效和能力水平等。

2.2.3.3 翻转课堂教学评价的理论指导

翻转课堂不仅实现了对于教学活动的重构，同时也彻底改变了传统的教学流程、课堂设计，更加注重以学生的自主学习为中心。现阶段的教学质量评价体系构建研究，都非常注重从评价材料、评价主体等方面的多元化发展。根据翻转课堂教学评价“强调过程性”的取向和“过程与结果并重”的特征，评价体系不仅要重视学生的学习成效，而且要关注学生的学习过程。不仅评价学生基础知识、基本技能的掌握，更关注学生在学习过程中所表现出来的情感、态度、学习策略、合作精神等。

如果利用传统模式来对翻转课堂进行教学评价，不仅不能够有效衡量学生的学业水平，同时还会打击学生参与翻转课堂的积极性，因此必须要构建符合翻转课堂的教学评价体系，才能够更好推动翻转课堂在学校各个学科中的实践运用。

本书为了构建具有过程性、发展性的教学评价体系，借助于建构主义、多元智能理论和语言测试理论等不同理论来针对翻转课堂构建教学评价体系。

A 建构主义

建构主义认为教学的中心环节是“学”，指出英语学习并不仅仅是掌握基本的语言知识结构，而是能够在实践中来创新应用语言，这种理念更加突出学生在语言学习中的自主性。

建构主义理念重新定义了学习的内涵，认为学习就是个体利用现有的心理结构和经验知识来实现新的知识建构。建构主义指出，学生并不是在教学活动中单纯接受外部的刺激，而更多应该是主动来建构知识意义；教师在教学中不仅仅是负责知识的灌输，同时还应当来为学生知识意义的建构提供指导帮助。学习者在学习过程中必须要加强自我监督，及时对新知识建构情况进行检验测试，这样学习者就可以及时了解掌握自身在新知识建构中存在的不足，并优化调整自主学习策略来实现最终的学习目标。因而，建构主义对于构建翻转课堂教学评价的启示就是，教师和教育部门并不是评价的唯一主体，学生也应当来对翻转课堂的学习效果开展自我评价；另外，教学评价不能够仅仅关注学习结果，还要对整个学习过程开展综合评价。

B 多元智能理论

多元智能理论对于课堂评估提出了七项不同的原则，特别是提出的课堂评估多元化和贯穿教学过程对于本课题设计翻转课堂教学评价体系具有借鉴意义。

Howard Gardner 在研究人类智能理论中提出个体的智能是多元的存在，而每一种智能都保持了相对独立，并将人的智能具体分为运动智能、音乐智能、空间智能等八种不同的智能。这一理论就认为人的智力是由多种不同的核心能力组成的，这些智能并不是以复合形式展示出来，而是保持了各自的独立性，这样人的智力就呈现出多元化的特点，不同的智能能够在个体身上实现多元的组合方式。

所以，多元智能理论就启示在构建翻转课堂教学评价体系时必须要重视其多元性，不仅要对学生的课前学习和课堂学习开展综合评价，同时还要评价学生在课堂上的学习策略、交际能力和合作精神等。因此在对大学英语开展教学评价中也应当参照多元智能理论，利用评价来促进学生语言能力的提高。

C 现代语言测试理论

现代语言测试理论是形成性和多元性评价的理论基础。教育测量学在 20 世纪初的发展推动了现代语言测试理论的发展。B. Spolsky 将语言测试理论的发展历程划分为传统阶段、结构主义阶段和社会阶段 3 个不同的测试阶段。在最初的传统语言测试阶段，此时语言在教学中和其他学科同样都属于知识系统，传统的测试只是对学生的语言知识掌握情况进行测量，而口语和听力则没有在测试范围内。教师根据课堂掌握情况来对学生进行主观判断，此时还没有采用数据量化的方式来开展语言测试。到了结构主义语言测试阶段，此时教学中开始将语言具体分解为词汇、语法、口语等不同内容，这就拓展了语言测试的题型范围。教学中开始利用基本词汇选择、语法填空、组词造句、句子改错等不同形式来对学习者进行语言测试。再发展到社会语言学测试阶段，此时教学中开始出现语言交际能力的概念，因此，语言测试中开始增加了对于语言使用能力的测试，而测试学习者的语言交际能力就对整个语言测试的命题和阅读都提出更高要求。

语言测试在不同历史时期采取的模式各不相同，从最初对于语言知识的重视逐步转变为以个体交际能力测试为主，语言测试方式也从经验型过渡到科学型。而语言测试往往和外语教学过程是紧密相连、共同发展的。外语教学在不断发展中更加突出对于学生语言运用能力特别是交际能力的培养，因此语言测试也就更加注重现实生活中语言的运用，设计的测试题型更多是对语言运用进行直接测试，从而能够准确评估个体的外语水平。

2.2.3.4 翻转课堂教学评价的技术支持

A 课内外的教学材料的分享以及教学内容的沟通

教师必须要主动更新教学理念，深入挖掘现有教学资源并创新应用网络信息技术来制作教学短视频，同时能够利用不同网络平台来在线为学生解答课程学习困惑；教师还要善于在课堂上利用信息技术来展示最新教学成果并组织学生开展讨论交流。

B 学习情况的跟踪和评价

网络学习交互平台能够为学习提供在线测验、问卷调查、投票、图表分析等不同功能，能够为每一个学生建立电子档案，这样教师就可以在平台上来查看学生的学习活动记录，利用图表数据的分析来判断评估每名学生的在线学习状况。

C 智能设置提高工作效率

利用网络平台可以实现作业的在线传递和评价，教师可以在系统中设置作业的上传期限，学生则根据自身实际来在规定时间内提交作业。教师可以利用平台来实现对于学生作业的打分评价，并将评价及时通过邮件等方式来反馈给学生；同时教师还可以对成绩评定结果等进行修改操作。

2.2.3.5 翻转课堂教学评价的基本特征

A 评价主体和内容的多元化

多元智能理论认为每个学生都有独特的智力构成，因而在学习中都有自己的特长优势。为了确保对翻转课堂评价的有效性，在实际评价中应当以老师评价为主体，同时开展学生之间的互评和学生自我评价，这样就能够推动教学中评价双方的互动合作。翻转课堂一个非常重要的教学目标就是要引导学生能够终身保持自主学习的习惯，这就需要学生加强对于学习的自我管理和反思评价，同时要利用学生之间的评价来帮助学生更好认识自身的学习状况。在教学评价中实现多元的评价主体就能够引导学生更好发挥出学习的积极性，从而帮助学生在翻转课堂上不断提高自主学习能力。

翻转课堂并不仅仅是为了提高学生在不同英语测试中的考试成绩，而更多是利用课堂来提高学生的智力和情感，比如培养学生的团队精神、社会交际、表演才能等。多元智能理论指出必须要根据不同学生的智能特点来开展个性化的教学评价。因而，教学评价的内容不仅仅要关注学生的基本能力，同时还要对学生的非智力因素，如自主能力、学习策略、团队精神等进行综合评价。新时期推动教学改革的一项重要内容就是要培养素质更加综合的复合型人才，这就要求学生除了提高课程成绩外，还必须要不断在学习中提高个人的认知能力、价值观念、道德品质等。因此在设计教学评价中，必须要综合评价学生的不同智能发展情况，让学生能够主动参与到教学评价中，从而利用更加生动有趣的评价来实现对学生的全面评价。

B 评价方式的过程性

加德纳认为教学评价必须要坚持以学生为中心，要充分考虑不同学生智力发展的个性，对学生进行持续动态的教学评价。为了能够在大学英语教学中同时促进“学”和“教”的发展，推动教育系统中传统的师生课堂角色向以学生为主体的变革，就必须要创新大学英语翻转课堂的评价方式，除了对学生开展各类测验外，还应当在教学中采用座谈法、访谈法、建立档案等方式来开展评价，这样就能够丰富翻转课堂的评价方式，更准确来衡量判断翻转课堂中学生的学业水平。

C 评价指标的多级性

将翻转课堂过程评价的一级指标确定为“课前学习”“课堂学习”和“课后学习”，即课前、课中及课后3个方面，而结果评价的一级指标设置为“学习结果”。在这四个一级指标的基础上再层层细化二级和三级评价指标。构建比较完整的翻转课堂教学质量评价体系，体现多级化和过程性。翻转课堂课程教学多元评价体系有老师和学生两个主体和视角，以学生和教师的发展为根本目标，以教学过程为主线，以“评教”和“评学”为双内核，构建新的课程教学质量评价体系。

因此，设计的评价体系侧重点有两个方面：一是围绕学生线上线下学习过程的深入、能力的提升、学习成果的展示设立反映学生学习成长的发展过程指标；二是围绕翻转课堂课前、课中、课后建设的过程，课程教学研究的深入，教学反思设立反映课程建设发展的指标，设立相关指标评价的目的是促进学生的“学”和教师的“教”，真正实现以学生为主体、教师为主导的教育系统结构性变革，实现教与学共同发展的目标。

由于翻转课堂的多样性，其教学质量评价指标的权重并不是本书关注的重点，评价主体可根据具体情境自主调整。但为了体现本研究所构建的翻转课堂教学评价体系的完整性，采用专家赋值法确定一套指标权重。由于不同课程翻转课堂的教学活动、教学流程不尽相同，故评价指标的数据采集方法可由教师根据数据采集的便捷性和有效性进行确定。本书在翻转课堂的教学评价中，“课前学习”采用学生评价为主、小组评价为辅的方法，“课堂学习”采用他组评价为主、小组评价为辅的方法，“课后学习”和“学习结果”采用教师评价为主、学生评价为辅的方法。

2.2.3.6 形成性和多元性评价体系的优势作用

翻转课堂与传统课堂的教学流程、教学方式和教学结构存在着明显差异，面对面教学重视教师的指导作用，但更关注学生如何在教师的指导下，通过自主探究与小组协作交流来促进认知与情感的内化。因此传统课堂的教学评价并不适合翻转课堂，建立翻转课堂的多元性教学质量评价体系便成为了促进其推广应用和深入发展的关键。

（1）通过在翻转课堂开展形成性评价，就能够引导学生对于自己的学习过程进行不断地反思完善，从而提高学生参与翻转课堂的积极性，同时要针对翻转课堂来构建多元化的过程性评价体系，让学生能够对整个翻转课堂学习过程进行有效的评估，这样就能够利用教学评价来督促学生不断提高学习效果。

（2）多元评价不仅是指评价目标的多元化，还是指评价主体的多元化。评价中既可以针对网络知识传递的有效性进行评价，同时也对学生的学习过程和学习方法等进行评价，而教师、学生都可以成为翻转课堂的教学评价主体。

（3）多元评价能够有效融合面对面评价和网络评价两种模式。面对面开展评价能够更加直观判断学生的行为态度变化，而网络评价则能够对学生的思维活动等进行评估，从而判断学生对于课程知识的理解把握。

2.2.4 翻转教学模式的优势作用

随着近年来翻转课堂在国际和国内教育界日益推崇，关于翻转课堂的作用与效果，国内外学术界从以下几个方面进行了阐释。

2.2.4.1 有利于体现混合学习的优势

目前，海内外的学者普遍认为，翻转课堂不仅仅是能增加学生与教师之间的互动及学生个性化学习时间的一种手段，它更是一种全新的混合式学习方式，当然这种混合方式也是随着时代和信息技术的发展不断变化的。从最初的课前“在家中听看老师的视频讲解”和“课堂上老师指导作业”的混合，到互联网时代慕课和SPOC及在线学习网站或者社交平台的普及，变成了“在线课程”和“课堂教学”的混合。

这种混合的学习方式实质上是直接讲解和建构主义学习的结合，突破了传统课堂教学以教师直接讲授、缺乏师生互动和学生自主探究及自主学习的单向传递，强调教师和学生直接的互动、学生与学生之间的互动，以及自主学习和写作探究，这和建构主义所倡导的学习的本质相同，即学习是获取知识的过程，但不是通过老师传授得到，而是学习者在一定的情景下借助老师和学习伙伴的帮助，利用必要的学习资料，通过意义构建的方式而获得，是通过人际的协作活动而实现的意义构建过程。课外真正发生了深入的学习，同时课内更高效地利用课堂时间进行学习经验的交流、观点的碰撞和教师的答疑解惑，深化学生的认知。

2.2.4.2 有利于促进师生角色的转变

翻转课堂不管是学生在家看教学视频或是在课堂与老师互动交流都是以“学生为中心”展开，学生占主体地位，具有自主权利，可以掌控看视频的进度，自主支配时间，使学生能够根据自己的步调和掌握情况自主支配时间，控制进度；可以根据自己的兴趣和难点，自主选择探究题目，并提出自己的问题和想法，可以和老师及同伴交流和协作探究，可以自己通过真实的任务来完成知识的构建，由被动的接受者转变成主动的研究者。这些新型的师生关系区别于传统课堂以“教师为中心的”一对多的形式，教师角色也从知识传授者变成了教学资源的开发利用者、学习帮助者、指导者。

2.2.4.3 有利于促进互动和知识内化

正如哈佛大学物理学教授 Eric Mazur 所提出的：传统教学只注重学习过程的第一步“信息传递”，并把这一过程放在最重要的环节——课堂上，但他们忽略了第二步——“吸收内化”，并把这一过程放在缺少帮助的课后环节中。翻转课堂正是顺应了这一趋势，将课堂时间重新分配，把“吸收内化”这一重要的过程放在课堂时间，增加课堂上学生提问、教师解答和学生之间的讨论交流的学习互动。

2.2.4.4 有利于实现个性化和分层教学

翻转课堂符合认知负荷理论，学生可以根据自身的基础，灵活选择学习资源、安排学习时间，不用担心是否影响其同学进程；可以反复多次观看视频，不必担心知识点的遗漏，从而实现真正的分层教育、个性化学习和发展。同时翻转课堂可以克服传统课堂实况录像针对性不强，无关信息较多的困难，采取制作微课，或用录屏软件、PPT 录制等或简单或精致的方式，依据课程的进度和学生的认知水平，对问题的讲解更加细化和有针对性，有利于提高自主学习的效率。同时，短而精的微视频更有利于知识的消化和吸收。

3 教学资源

3.1 慕课的特征和利用

3.1.1 慕课的起源和发展

慕课（Massive Open Online Course，MOOC），即大规模在线开发课程，起源于2007年，最早是由美国犹他州立大学的David Wiley在Wiki网站开设的开放课程Intro to Open Education（公开课导入），次年，加拿大的Dave Cormier和Bryan Alexander正式提出MOOC这一术语，随后，仍旧是加拿大的学者George Siemens和Stephen Downes设计了第一门正式的MOOC课程Connectivism and Connective Knowledge Online Course（连接主义和在线课程的连接知识）。经过十几年的发展，MOOC在美国得到了长足发展，2012年被《纽约时报》称为“慕课元年”，因为斯坦福大学、麻省理工学院和哈佛大学、普林斯顿大学、密歇根大学、宾夕法尼亚大学等的教授相继发布了盈利或非盈利性的MOOC课程，来自世界各地的几十万的学生注册了这些课程。

在亚洲的第一门慕课课程是香港大学2013年4月在Coursera平台上发布的《中国的科学、科技与社会》，随后北京大学、清华大学、复旦大学、上海交大等国内知名大学纷纷推出自己的慕课课程。同年8月，华东师范大学联合国内知名中小学推出C20慕课联盟，不再局限于大学，在中小学范围内也掀起了慕课的热潮。

3.1.2 慕课的特点和优势

慕课不仅能提供如视频、阅读材料、问答和练习题目等传统的课程材料，还搭建了一个全球全国性的庞大的网络互动社区。慕课有以下几个方面的特点和优势，体现了翻转课堂和慕课具有较高的互补性和耦合性。

3.1.2.1 慕课资源的完整性和高质量性

慕课一般都是依托名校优秀教师主讲的优质课程教学，具有完整的课程结构，如课程目标、时间安排、作业练习等。同时，其微视频、测试、作业和仿真实验的开发都是由专业队伍来设计开发和利用，能很好地保证教学资源的质量。

3.1.2.2 慕课资源的使用便利性和免费性

大部分的慕课是面向全体学生免费开放的，全部的课程资源和信息全部免费开放，且通过互联网传播，不受时间地点人数等的限制，课程注册便捷。学生也可以根据自己的时间和进度进行学习，课后还可以参与或观看课程讨论。这些特性都易于在翻转课堂中利用，作为课前自主学习或者课内活动的素材。

3.1.2.3 慕课平台的交互性和生成性

慕课提供的学生跟踪管理功能、交互式训练和机器自动评分功能等均可以用于翻转课堂，既方便老师对学生进行管理、掌握学习动态和组织课堂活动，又方便学生进行课前课后的学习和及时的反馈。另外，慕课具有动态发展、混合汇聚、转用和分享功能，具有生成性。学生发布的话题活动和学习资料，可以引发学生的参与、思考和讨论，逐渐碰撞出新的观点供学生探索。

3.1.3 基于慕课翻转课堂

周清平和曾明星等人根据慕课一般的运行模式，结合翻转课堂的典型模式，构建了基于慕课的翻转课堂教学模式如图 3-1 所示。

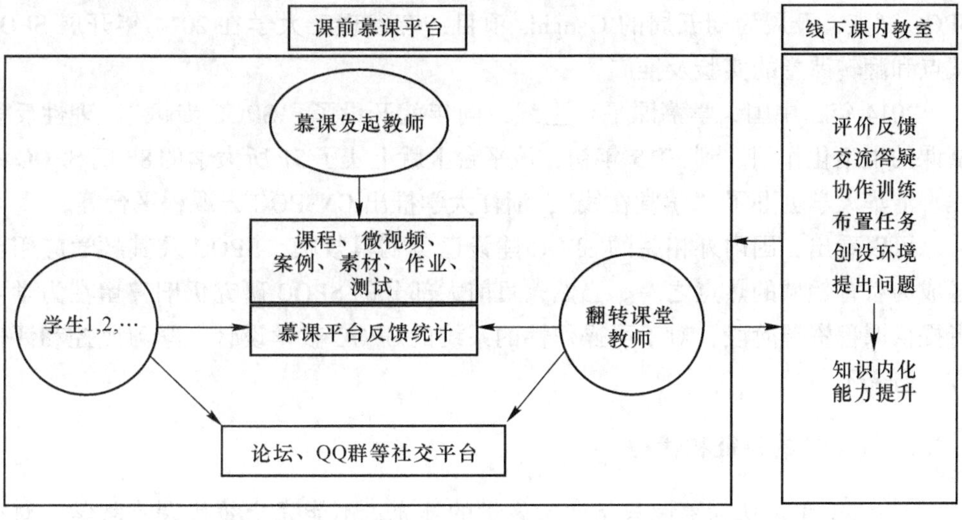

图 3-1 基于慕课的翻转课堂教学模式

基于慕课的翻转课堂模式是学生课前观看的视频从教师设计制作的视频变成慕课网站发布的视频，教师布置的作业练习变成慕课发起教师上传的课程、视频、通知和活动等，另外还有在线讨论、测试、答疑、调查等。

任课教师在慕课平台担任的是助教的角色，围绕本课程的内容碎片化处理知识点，再在慕课网站寻找合适的课程微视频，指导学生有选择地登录、参与和观看，选择社交网站或 QQ 群等个性化社交工具讨论和参与交流和答疑。

任课教师在线下的课堂内，是课堂活动的组织和策划者，通过讲解慕课的答疑和普遍存在的知识点，还要设计一些课堂和探究活动任务等，让学生进行小组或个人的探究活动，师生进行一对一或者一对多的交流，实现知识内化的最大化。这就增加了课堂上师生和学生内部的交流和反馈的接触时间，教师不再是站在讲台上高高在上的传授者，更多的是学生活动的参与者和指导者，学生变成课堂活动的主体。

3.2 SPOC 的特征和利用

3.2.1 SPOC 的起源和发展

小规模专有在线课程（Small Private Online Course，SPOC），最早是由美国加州大学伯克利分校的 Armando Fox 教授在 2013 年提出的；哈佛大学也积极开发一系列 SPOC 课程，开展翻转课堂；加州大学伯克利分校首次运用 SPOC 是在云计算与软件工程的课程教学中；西班牙马德里卡洛斯三世大学在 2012 年发起了 SPOC 试点，开展为期五周的 Genghis 项目；麻省理工大学在 2014 年开展 SPOC 试点和翻转课堂的实验及推广。

2014 年，中国大学慕课平台上线，同年就开设了“SPOC 专区”，理性反思慕课的本土化作用。到 2015 年初，该平台上就上线了 51 所大学的 85 门 SPOC 课程。清华大学创办了“学堂在线”，浙江大学推出 CNSPOC 云课程平台等。

可以看出，国内外相关的 SPOC 建设已经初具规模，SPOC 及其教学应用已经成为教育领域的热点之一。当然，目前大部分的 SPOC 研究仍旧停留在为学习者提供课程资源阶段，对于可操作性的系统的 SPOC 教学设计、学习监控和评价方式研究不足。

3.2.2 SPOC 的特征和优势

Armando Fox 认为慕课只是课堂教学的补充，不能完全替代课堂教学，对在线课程提出了“500 人以下小规模”和“专有性准入条件”的机制，当慕课发展到能够增加学生的产出量、学习能力和参与度，提高教师的利用率时，这种模式便可以称作 SPOC。SPOC 较大程度地提高了学生的课程参与度，并且降低了学习管理者的复杂性，这些最终提高了课程完成率，一定程度上解决了慕课存在课程完成率低和难以实现个性化学习的缺点。

SPOC 不仅提倡优质教育资源共享提供优质化的多元化的认知结构，还为学习者和教师提供了更为简单实用的交流和学习的平台，其特点在于小型、专有、在线、优质。

SPOC增强了课程的参与度、学习内容的针对性、教学方式的多样性、提高了个性化辅导的效率，同时降低了管理者和教师的管理复杂性，将慕课的内容、技术和面对面授课有机结合起来，在运行机制、教学流程、教学形式和结构等方面都超越了慕课，其本质是慕课的改造和升级，是慕课的“平台技术”和“课堂教学”融合的桥梁。

SPOC能够更好地针对小规模的特定人群，利用慕课资源和在线评价和交流的平台功能，实现实时的线上线下互动交流、个性化和随时随地的学习，能够更好地实现在线学习与线下课堂学习的翻转课堂的教学理念。表3-1列举了慕课和SPOC的特点，以方便教师和学生根据不同的课程要求和内容选择不同的在线课程。

表3-1　慕课和SPOC特点分析和对比

课型 特点	慕课	SPOC
课程对象	社会大众	限制性选择人群
学生规模	大规模，没有上限	小规模，人数不大于500人
学习时长	短（平均4~8周）	长（学期制）
学习资源	非常丰富的视频、资料等	选择性、可实时补充教学资源
实施成本	高	低
完成率	低	高
适用性	共享优质教学资源、提升课程的国际品牌；适用于求知欲和控制力强的学生	提升高校内的课堂教学质量；提升教学设计和学生学习效果；补充课堂时间空间不足

3.2.3　基于SPOC翻转课堂

基于SPOC的翻转课堂教学模式，是被视为慕课和传统课堂教育相互融合的“后慕课时代”新模式。因为基于SPOC的翻转课堂模式，克服了慕课投资成本高、资料堆积多、师生了解少、课程完成率低等弊端，实现了互联网时代信息技术与教育教学的全面深度融合，教师可以根据学生和课程的不同需要及学生在课前和课中的不同问题，随时增添或缩减学习内容和学习活动，更加灵活和有针对性，真正实现教学范式的变革，从以“教师为中心”转向以“学生为中心”和多元互动的评价方式。构建基于SPOC的翻转课堂教学模式，如图3-2所示。

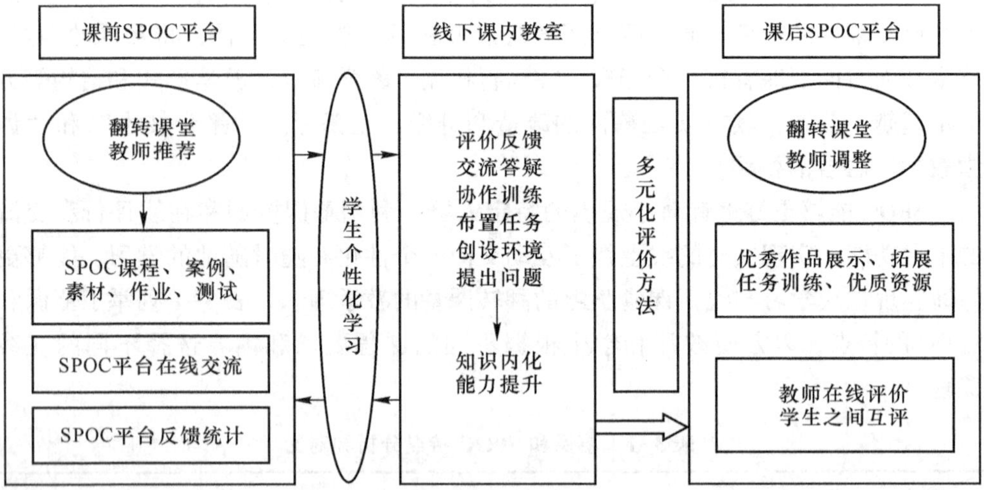

图 3-2 基于慕课的翻转课堂教学模式

3.3 微课的设计和制作

微课是“微型视频网络课程”的简称，它是以微型教学视频为主要载体，针对某个学科的知识点或教学环节而设计开发的一种情景化、支持多种学习方式的在线视频课程资源。微课作为新型的教学资源具有针对性、形象性、短时性、互动性等多种优势特性。

“翻转课堂”模式顾名思义是一种将课外和课内的学习互动颠倒的教学模式，其实质是颠倒了学习内容传递与内化的顺序，翻转课堂的全过程实质上完成了两次指示内化，第一次在学习微课的思考反馈环节，第二次在课堂探索和应用教学环节。第一次知识内化十分重要，其结果是第二次知识内化的前概念，放在课前进行可以便于分层化学习，学生根据自己的理解力和水平各自采取合适自己的学习时间和方法去学习和思考进行有效的知识构建。而第二次内化是通过任务、讨论、活动等主动性和互动性的实践探索、体验和应用，这是超越了反思和个人理解，是以学生为中心的课堂，是真正把大量时间运用到提升语言能力的课堂。

3.3.1 微课的主要特点

微课是针对传统单一资源类型的局限性而发展起来的一种新教学资源建设和应用模式，具有如下主要特点：

(1) 主题突出，指向明确。微课主要是为了解决课堂教学中某个学科知识点（如教学中重点、难点、疑点内容）教学，或是反映课堂某个教学环节、教学主题的教与学活动，相对于传统课堂所要完成复杂众多的教学内容、达成多个教学目标而言，微课的教学目标相对单一，教学内容更加精简，教学主题更加突出，教学指向（包括资源设计指向、教学活动指向等）更加明确，其设计与制作都是围绕某个教学主题而展开的。

（2）资源多样，情境真实。微课是以课堂教学视频为核心，并“统整”了课堂教学设计（包括教案或学案）、教学素材和课件、教师教学反思、学生反馈评价及学科教师互动点评等多种资源，它们共同构成了一个主题鲜明、类型多样、结构紧凑的“主题单元资源包”，营造了一个与具体教学活动紧密结合、真实情境化的“微教学资源环境”。教师和学生在这种具体的、典型案例化的教与学情境中能达到“隐性知识”“默会知识”等高阶思维能力的培养，并实现教学观念、技能、风格的模仿、迁移和提升，从而快速提高教师的课堂教学水平、促进教师的专业成长，也有助提升学生的学习兴趣和学习成绩。

（3）“短小精悍”，使用方便。微课视频的时间较短，一般为5~8分钟左右（最长不宜超过10分钟），因而更符合视觉驻留规律和中小学生的认知特点。微课的资源容量也较小，其视频格式一般为支持网络在线播放的流媒体格式（如rm、wmv、flv等），加上与教学主题配套的教学设计（微教案）、教学课件（微课件）、教学反思及专家点评等资源也只有几十兆。用户既可以流畅地在线观看微课课例，查看教案课件和教师点评信息，非常适合于教师的课例观摩、评课、反思和研究，也可灵活方便地将其下载保存到各种多媒体数码终端设备（如笔记本电脑、手机、MP4等）上实现移动远程听课和个性化学习。

（4）半结构化，易于扩充。微课既不是多种类型资源的简单堆砌，也不同于以往的“教学资源包”概念。它是以网页的方式将某个知识点或教学主题相关教学资源作结构化的组合，并将教学资源与教学任务、教学活动、教学环境之间建立有意义的关联，形成一个主题突出、资源有序、内容完整的结构化资源应用环境。微课同时还具有半结构化框架的开放性优点，具有很强的生成性和动态性，其中的资源要素（包括微课视频、教学设计、素材课件、教学反思、教师点评等）都可以修改、扩展和生成，并随着教学需求和资源应用环境的变化而不断地生长和充实，进行动态更新。

3.3.2 微课的一般分类

由于课堂教学受到教师、学生、教材及媒体等多种因素的影响，因而课堂教学具有复杂性、不确定性和艺术性等特点，这使得课堂类型（简称课型）既丰富多彩又千差万别。分类的维度和依据不同，课型的名称和类型也不相同。这在一定程度上说明微课的分类也是复杂的，不同教师对类型划分和理解因人而异。

虽然课堂的类型和教学方法种类繁多，但课堂教学主要环节（进程）确是相对固定的。为了便于教师研究和实践过程中更好地把握微课的设计和制作，本书介绍的是按教学环节将微课分类为：(1) 课前复习类；(2) 新课导入类；(3) 知识理解类；(4) 练习巩固类；(5) 小结拓展类。下面列举几个世界著名的微课平台：

(1) 科罗拉多大学最初采用的是“慕课”大班教学，后来根据学生的需求，变大为小，化整为零，所有课程都采用了微课在线授课模式。其结果是，在线学习者也能像在校学生一样，获得充分的教学支持。

(2) 加州大学伯克利分校的 Armando Fox 教授把慕课平台上的“高级软件工程”课程，加以优化改编之后，引入了校园内的“小微课”平台，取得了意想不到的好结果：选课人数增加了四倍，作业评改质量大有提高，课程评估效果创下了20 年里的新高。

(3) 加州圣何塞州立大学的“模拟电路课程”，由于采用了“小微课”的形式，教学效果十分明显：顺利通过本门课程考试、最终获得学分的人数，从59% 提高到 91%。

(4) ed X 和 MITx“慕课”平台，在波士顿地区选取了两所社区学院，采用混合式学习和翻转课堂模式，开设了“计算机科学及编程导论”课程。考试结果显示，“小微课”学生的分数要比“慕课”平台高出 10%。

(5) 哈佛大学在 2013 年秋季学期，开始了微课平台的教学尝试。学术委员会主席 Robert Lue 教授认为，相对于“慕课”而言，“小微课”体现了“几乎不可避免的进化”。

(6) 清华大学、北京科技大学、中国政法大学，通过 TRP 系统的使用，也证明了微课教学模式具有更大的包容性、经济性、落地性、可持续性。

3.3.3 微课的制作和利用

3.3.3.1 微课的种类和开发流程

微课的准备有两种方法，一种是加工改造式，另一种是原创制作式。加工改造式是将已有的视频录像，经过转录、合成、字幕处理，并增加教案、课件、反思、习题等处理，这种方式可以发挥原有资源库的价值，可以在短时间内形成一定数量的微课资料。原创开发式是指教师根据教学需要，自行设计和制作的视频，通常用录屏软件、摄像机等制作出微课程。

由于加工改造的微课视频只是省略了原创微课程开发和制作的前期步骤，它们的后期制作步骤是基本一致的，因此本课题将主要讨论原创微课程的开发和制作流程和方法（涵盖了加工改造微课程的开发和制作）。

一个完整的微课程必须包含有微视频，还应该有与微视频相关的若干辅助性部分，如“微教案”“微课件”“微习题”“微反思”及学习支持系统，这样才能构成一个完整的教学环境，这是微课程与其他视频资源的最大区别。一个微课程系统有教师、学生、微课程和教学组织。微课的开发和制作的结构和流程如图 3-3 所示。

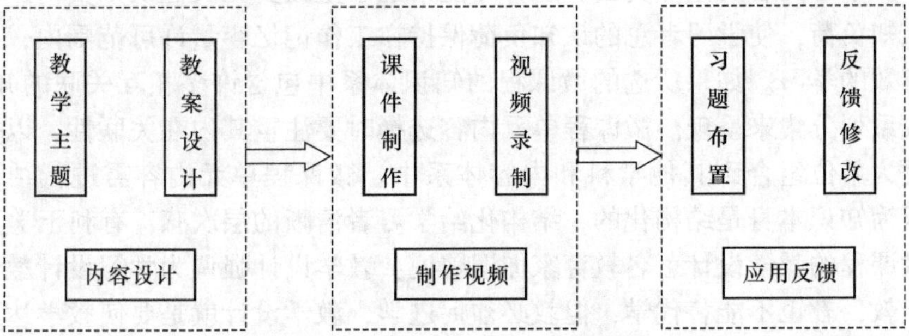

图 3-3 微课的开发和制作流程

3.3.3.2 微课的内容设计

A 教学主题的选择

大学英语翻转课堂中的微课主题选择应着重考虑两个要素：教学内容难易性、主题的针对性。太难的教学内容不太适合用微视频的形式进行教学，换句话说就是不适宜选择那种在几分钟内根本无法讲清的教学难点作为教学主题。微课程主题的选择具有针对性，需要和大学英语教材和课堂教学相结合。

根据大学英语教学内容和单元目标，微课的教学目标和学习目标应该起到导教、导学的作用。

B 微课的教案设计

a 学习目标的设定

著名教育家和心理学家布卢姆指出大多数学生能够掌握教师所教授的事物，教学的任务就是要找到使学生掌握所学学科的手段。“掌握学习理论”的核心内容之一就是让学生有足够多的时间学习，“掌握学习理论”认为学习目标的设计非常重要，学习目标定得过高，学习内容远远超过学习者的前期认识水平，而且教师在解释目标时又没有遵循适当顺序，这样的教学是一种不适合的教学，只有那种具有适当教学目标和科学解释程序的教学才能帮助学习者实现目标。

将教学目标分解到各个微课之中，可以引导学习者慢慢接近课程设计的目标。所以，在进行微课程设计之前，要分析教学目标是什么，为什么要制作这门微课程。

b 学习内容的呈现方式

认知负荷理论认为，影响认识负荷的基本因素是学习材料的组织呈现方式，学习材料的复杂性和个体专长（即先前知识经验）。由于微视频单个屏幕的信息量有限，人脑“内存”量较小，单个屏幕内容过多不易让人在短时间内记住有效信息，所以要将每单元的知识合理分配到微视频每个屏幕上。每个微课程单元模块所选的微课程知识点必须足够细，十分钟左右能够把重、难点讲解透彻。微课程单元学习内容要重点突出，这样才能帮助学生减少无关性认知负荷、增加相关性认知负荷，使学习者总的认知负荷保持在工作记忆容量许可范围内，从而关系到有效的学习。如果所选的微课程的知识体系中包含许多相互关联的知识点，可以成系列分集来呈现。微课程单元内容选择时要注重其内在关联性，以一个知识主题为单位组合到其他学科和内容体系中。微课程单元内容需进行结构化处理，因为知识本身是结构化的，结构化给学习者清晰的层次感，有利于学习。

微课程的教学设计著名教育家加涅曾说：教学设计强调为学习设计教学，学不等于教，教也不能替代学，但教必须促进学，教学设计就是要使教学达到最优化。微课程教学设计要充分考虑其教育性、目的性、趣味性，可运用任务驱动、问题导向、反馈互动等方法，将“分布式知识”“松散知识”“关联知识”和“即时知识”作为重要的教学设计内容，这也是与传统课程教学设计不同的地方。

c 微课教学设计的特性

微课程的教学设计首先注意其完整性的特征，微课程必须有一个完整的教学设计，应包含教学导入、问题提出、重难点讲解、练习巩固、教学评价几个部分。微课程的教学导入力求快速、新颖，切入主题，在切入课题时要激发学习者的兴趣。讲解过程中围绕一个线索，所提问题要精简，不会引发新的疑问，重点突出、讲授思路设计清晰、逻辑性强、讲解紧凑。结尾要科学、快捷，能对所学内容进行归纳总结，加深学生对所学内容的理解。评价设计要言简意赅，能起到画龙点睛，提纲挈领的作用。

此外，微课程的教学互动性设计也应引起重视，互动可穿插到教学过程的各个环节，也可以通过构建即时互动学习社区，成立微学习共同体，让师生及时交流，分享信息，真正将个性化学习与协作学习相结合，这是微课程协作学习的核心。微课程资源，不是单向传输，在教学设计时应利用这种资源构建全新学习交流与沟通机制。

教学设计、创意和教师的教学智慧是微课设计开发真正重要的东西。每个微课程的制作要有自己的亮点，这个可以是深入浅出的讲解，也可以是精彩剖析，也可以是创新性的结构设计和活动安排，也可以是丰富生动的语言组织。

3.3.3.3 微课的制作和录制

A 微课课件的制作

课件主体内容和标题文字用不同的颜色和字体以示区别，主体文字宜用宋体字或黑体字，以确保其容易被学习者辨认、识别。教学内容的文字要符合认知框架，采用熟悉的文书结构，这有利于学习者的信息加工。文字类信息应易读，文本内容结构明了，能增加学习者的吸引力。

通过乔治米勒法则可知人在单维判断中的广度为 7 个左右，即短时记忆中，只能记忆 7 个左右的模块，所以一张幻灯片只需将关键词和观点表达出来即可。

另外一个版面的课件色彩最好不要超过三种，整个课件背景色调最好能与所讲主题保持一致，且主要信息与背景有强烈的对比，将重要信息分离出来。

课件要动静结合，图文并茂，增加微课堂的教学效果。课件页数不要过多，以充分展示或讲透内容为宜，课件的信息要安排适当。视觉符号的真实性和学习之间的关系不是简单的是与否，太真实的素材和太不真实的素材都会分散学习的精力，从而影响学生的学习效果。

B 微视频的录制

微视频录制要考虑视频的呈现方式，也就是要考虑视频的传输形式，是录屏、实景还是其他方式。在视频录制时要有构图设计，对镜头进行组接时要符合教学逻辑和人的认知心理。在录制前最好设计微课程脚本，构想出整体效果，准备好所需素材。录制的画面要清晰、图像要稳定、声音要清楚、画面不滞后。教师讲解时，适当使用画笔等工具辅助标记重、难点，讲解过程中最忌讳照本宣科，多加自己的理解和思考，启发引导学生学习。

目前微视频的录制主要采用“摄像机拍摄模式”“智能手机录制模式”“录屏软件录制”“可汗学院录制模式”几种方式。根据教学内容、教学对象、课程用途及现有条件采用合适的录制方法。

同时应该注意的是，优秀微视频的录制不是一个简单的任务，从单个分散的微课程开发，逐步走向高集成、规模化、系统化微课程资源开发及应用是微课程发展的必要手段和必然趋势。微课程资源可以通过微信平台进行发布、管理和交流，也可以将微课程资源上传到平台，进行管理和使用；当然，也可以搭建自己的微课程平台，通过这些管理平台可以查看学生人数和学习信息，并可及时回复反馈，也可以对微课程中的图片、声音和视频资源进行更新，学习者可以通过这些平台进行学习资源的分享与学习互动。

3.3.3.4 微课的应用反馈

A 微课的习题布置

习题的类型：微课结束时为了强化所学知识，要以思考题或者练习题的方式对所学内容给予总结，同时还要为学习者提供在线和离线评价，用封闭式习题来巩固所学，用开放式习题锻炼学生的高阶思维，习题要有梯度，思考题要有深度，让学习者对知识有所迁移。

此外还对学习者进行及时有意义的反馈和追踪评价。习题的难度与内容因其用途不同而有所区别，知识巩固方面的习题较基础，知识强化方面的习题难度较大，而测试练习内容方面的习题应较全面。微课程练习巩固设计要求“精”不求“多”，求“巧”不求“偏”，一般设计两个左右，能起到举一反三的作用。

习题的呈现方式：习题既可以设计在课件里，也可以通过视频直接显示。还可以运用“学习通”等学习软件设计出单选、填空等多种并具有交互功能类型的习题，该软件还可以为学生设计习题信息导航，学生回答问题可以及时得到正确与否反馈。该软件主要包括微练习列表、单选内容部分和学习支持 3 个部分，设计出的习题可以发布为自动评分格式，嵌入微课程平台。

B 微课的使用和反馈

在计算机网络和以云技术为核心的计算机辅助教育中，微课程作为一种教学资源在电子书包、混合学习、翻转课堂等教学中有广泛应用，它既可以当作课堂讲授的案例演示与补充，也可以作为翻转课堂教学资源。此外，也可把微课程与即时课程组合，使其成为教学内容一部分加以运用。

运用智能手机终端进行个性化学习、自主学习和移动学习已成为信息时代生活的需要，如何将移动学习纳入正式学习、学位教育体系中，将正式教育与非正式教育对接好，这是一个系统化过程，这不仅要求微课程资源建设更加规范，还要求微课程学习考核更加科学，当微课程学习与传统的学习方式能共生、相互促进时，微课程才能真正实现大规模化发展和普及。在翻转课堂的预习环节，需要教师提前做好学习活动指导方案的设计，并把相应的学习资源（包括教学视频)、习题及相关材料发布到学习平台上，以便为学生的自学提供清晰的指引和学习支撑等。在做练习的过程中发现疑惑加以思考，如果解决不了就立刻记下来以便下一步的互动交流，结合老师划定的重点难点，师生共同确定课堂上所要探究的问题。同时，在课程学习平台设计评价环节，鼓励学生对微课和微课视频做出评价及反馈。

3.4 二维码的特征和利用

3.4.1 二维码的定义和种类

二维码（2-dimensional bar code），又称为二维条码，它是采用特殊的几何图形按一定规律在平面（二维方向）上分布的黑白相间的图形。利用专用读码设备或者智能手机、平板电脑进行扫描识别，即可获取其中所包含的信息。其基本技术原理是二维码在代码编制上巧妙地利用构成计算机内部逻辑基础的 0 和 1 比特流的概念，使用与二进制相对应的几何形体来表示文字数值信息，并通过图像输入设备或光电扫描设备自动识别，来实现信息的自动处理意义。

二维条码也有很多不同的编码方法，或称作码制，常用的编码方式有三种，如图 3-4 所示。第一种是线性堆叠式，即在一维条码编码原理的基础上，将多个一维码纵向堆叠产生的。第二种是矩阵式二维码，即在一个矩形空间通过黑、白像素在矩阵中的不同分别进行编码，有 Aztec、Maxi Code、Data Matrix、QR Code 等。因为 QR 码与其他二维码相比，具有识读速度快、数据密度大、占用空间小、纠错功能强，具有加密功能等特点，应用非常广泛，本书下文所指的二维码是这种 QR 快速矩阵二维码，QR 码全称 Quick Response Code，已经成为我国的二维码国家标准。第三种是邮政码，即通过不同长度的条进行编码，主要用于邮政编码。

图 3-4 二维条码的三种主要编码方法

3.4.2 二维码的发展和应用

3.4.2.1 二维码研究和技术的发展

国外对二维码技术的研究始于 20 世纪 80 年代末，自诞生之日起，二维码就得到了世界上许多国家的关注。最早应用在手机上的国家是日本，QR Code 是由日本 Denso 公司 1994 年研制的。1993 年，我国开始对二维码技术的研究。经过 20 多年的发展，我国自主研发的二维码在技术水平上已不逊于国外其他技术标准，同时还具有抗污损、抗畸变、低成本等优点。

2011 年，腾讯公司推出微信。2012 年，马化腾在中国互联网大会上发表演讲，提出了一个称为“扫一扫”的新名词，表示要从微信强化扫二维码的功能。微信用户的滚雪球式增长和微信“扫一扫”功能的广泛普及，为二维码的相关研发和应用提供了沃土。因此二维码产业机制具有相当大的潜力，特别是目前计算机通信硬件设备均已成熟，只需提供更多的服务来满足使用者需求，同时带动了计算机、通信、金融、物流、教育等相关行业的发展与变革。

目前二维码在高校信息化建设中也逐渐受到重视，并在教学和管理的各个方面进行探索和应用。例如在高校管理方面，二维码技术在校园智能化管理、数字图书馆及仪器设备管理中都有了较多的应用探索；在教学方面，有学者在二维码技术用于手机终端的远程教学上做了探讨，移动技术及数字化学习的广泛应用推动了移动学习的发展。2000 年，英国伯明翰大学的移动学习研究专家 Sharples 就指出，先进的移动技术正使得 E-Learning 向 M-Learning 转变。移动学习比数字学习更进一步，可以不受计算机环境限制，应用便捷的移动学习工具与无线网络，做到随时随地的学习。

3.4.2.2 二维码的技术支持和应用

二维码由于设备要求低、操作简单和目前我国网络覆盖面广、云服务技术发展等原因得到了广泛的应用。

（1）设备要求低。终端设备要求：智能手机和平板电脑。随着移动通信行业的快速发展，我国现今社会智能手机、平板电脑已经进入了普通家庭，尤其是智能手机的价格下降幅度较大，几乎每一个人都可以拥有一部智能手机。

（2）操作方便简单，快速。影响网络学习的较大现实问题是输入或查找冗长的网站地址，有时很难做到一次性输入正确，需要反复的核实网址，才能正确完成，既耽误了时间，又不方便。而采用二维码，只需用手机扫描和识别，即可快速输入相应网址，或快速获得相关信息，大大提高了获取效率，简化了操作过程。

（3）网络覆盖面积大，容易获得。校园无线网络在校园中能全面覆盖，在很多安装了宽带或互联网的家庭中，只要安装一台无线路由器，即可获得无线网络的覆盖。中国移动网络也是做到了全面覆盖，只要有手机信号的地方，都有网络信号，可以进行二维码的扫描。

（4）云服务支持。如何处理海量的资源存储，并维持动态扩容；如何保证资源的安全；如何保证资源的传输速度等问题，都可通过低成本的云存储来解决。以资源上传为例，编辑在电脑浏览器选择将要上传的资源后，通过云存储的软件开发工具包（Software Development Kit，SDK），无需通过二维码服务器便可直接将资源上传到云存储平台，且上传速度在普通网络环境下能达到3M/s（即一个10M的资源可于3秒内上传完成），大大节约了资源管理的时间。上传完成后，云存储还提供视频转码、音频转码、缩略图生成等服务，既简化了开发工作，也提升了用户体验。除了云存储，云服务支持还包括云数据库、Docker、云防火墙等，既极大地降低了维护成本，也保障了服务安全。在云服务的支持下，二维码服务平台得以为用户提供更加优质的服务。

二维码最早应用在移动商务领域，应用可大致分为四类，包括：

（1）自动化文字输入：储存个人信息，如地址、电话号码、日程计划等，进行名片、行程数据等快速交换。

（2）数字内容下载：储存数字内容并进行下载。

（3）网址快速链接：使用手册、产品规格、报章杂志、广告宣传等数据附加二维码，以提供用户进行网址快速连接、电话快速拨号等。

（4）身份识别与商务交易：手机上显示二维码数据，作为交易身份鉴别依据或交易凭证，如入场券、会员身份确认、手机付款等应用。

3.4.3 二维码的特性和教学

信息技术的巨大活力在教育应用中呈现出前所未有的高潮，如教材多媒体化、资源全球化、教学个性化、学习自主化、任务合作化、环境虚拟化等。教学媒体不仅仅是帮助教师传授知识的手段和方法，同样也是用来创设情境，展开协作会话交流，成为学生主动学习探究的认知工具。

同时，二维码在二维码技术支撑和连接下，学生能根据二维码从已建成的网络教学平台中快速搜索和获取到在知识构建过程中所需要的知识和情景，增强了学生的自主学习、情景学习、协作学习效果，达到多媒体课堂学习和网络学习模式。具体地说，二维码具有以下适用于教学的特点：

(1) 高密度编码，信息容量大。二维码可容纳多达1850个大写字母或2710个数字或1108字节，或500多个汉字，比普通条码信息容量约高几十倍，一个载体上可以有几个二维码。可以在多媒体课件或者教材中针对每个知识点，或者重要内容放置多个二维码，让学生在上课或自学的同时，通过手机扫描，快速获得相关详细的解释和信息。

(2) 编码范围广。二维码把图片、声音、文字、签字、指纹等可以数字化的信息进行编码，用条码表示出来。可以表示多种语言文字，可表示图像数据。在教学中，可将某一知识点、作业用文字、图片、声音等形式储存于二维码中，也可将网络教学平台的链接储存于二维码中，使学生通过二维码获取多种不同形式的信息资料。

(3) 成本低，易制作，操作简便，持久耐用。二维码可以打印在普通纸上或其他材料上，也可用电子版插在课件中。并且识别软件操作简便，大幅简化操作繁琐的过程，容易上手。学习者无需再针对设备进行培训，能够将教学目标充分聚焦在学习内容上。

(4) 容错能力强，具有纠错功能。二维码识别采用先进的容错算法，这使得二维条码因穿孔、污损等引起局部损坏时，照样可以正确得到识读，损毁面积达50%仍可恢复信息。学生使用过程中不可避免的会产生损耗问题，在此二维码颇具优势。

(5) 译码可靠性高。它比普通条码译码错误率百万分之二要低得多，误码率不超过千万分之一。可引入加密措施保密性、防伪性好。可以非常有效地防止伪造。

综上所述，二维码具有信息容量大、制作成本低，使用便捷、可靠性强等特点，在高校多媒体和网络教学使用具有很大的可行性。

3.4.4 二维码融的数字课件

二维码对新型数字教材的发展起到了非常重要的作用，2012年被称为图书二维码爆发年，学者对图书二维码应用的关注增加，文献数量也急剧增加。从聚焦于图书管理逐渐扩展至图书营销、图书防伪、图书内容等，而图书内容方面又从聚焦于教辅图书逐渐向医学图书、科技图书、少儿图书等全面铺开。2019 年高等教育出版社数字技术部的杨京峰突破理论研究和内容运营，从技术研究和具体案例出发，以高等教育出版社的数字教育资源二维码应用服务为例，从功能和技术的角度切入介绍了高等教育出版社的二维码服务平台的设计和应用，为建设新形态教材尤其是在纸质教材中添加二维码提供有益的参考，他提出这已经成为传统出版社转型升级为读者提供更好服务的重要出版模式之一。

由于二维码可以直接连接到文本、网址、名片、文件等，所以适用于数字课件的存取，包括 PPT 等多媒体课件和慕课、SPOC 或自制微课等。二维码还有活码，即二维码的图案不变，但扫描出的内容可以随时修改和调整，这种特征适用于学生档案的建立、教师答疑内容的发布等。数字课件的二维码生成的方法也日趋简单，目前有很多网页提供免费的生成器，如草料二维码、二维彩虹、联图网等，另外还可以通过手机下载 QR 码生成应用 APP，如 Yes 二维码、星迁二维码扫描、万能二维码等。

以草料二维码生成器为例，其功能非常强大，除了对文本、网址、小程序等生成二维码的基础生成功能，还有图文与多媒体展示、表单数据搜集和批量生成等功能，如图 3-5 所示，同时还有数据汇总统计、设置成员权限、通知查看状态和协作闭环等管理功能。另外该网站还提供二维码美化，彩色二维码等生成个性化二维码的功能，如图 3-6 所示。操作也十分简单，一般只有简单的上传或复制就能生成二维码，参见图 3-7。

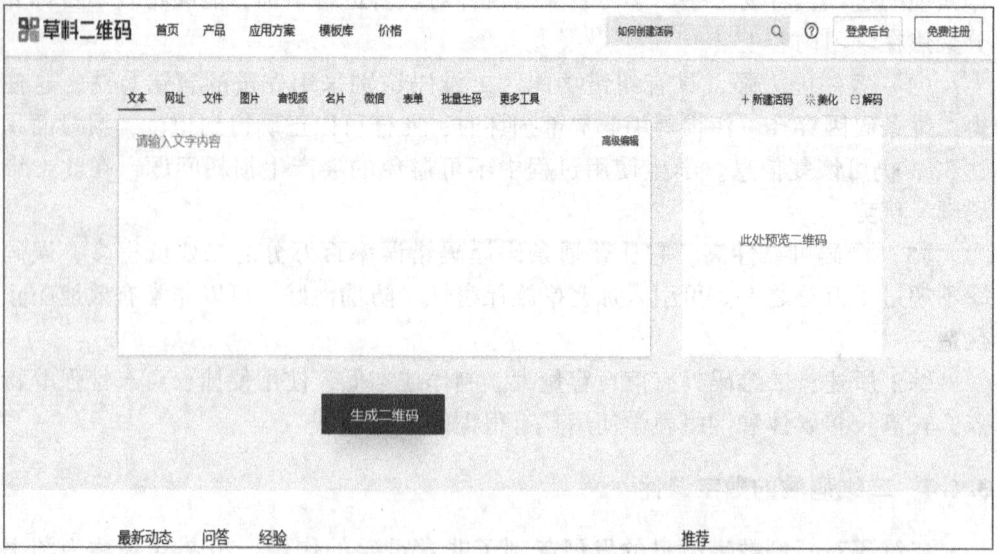

图 3-5 草料二维码生成器基础功能

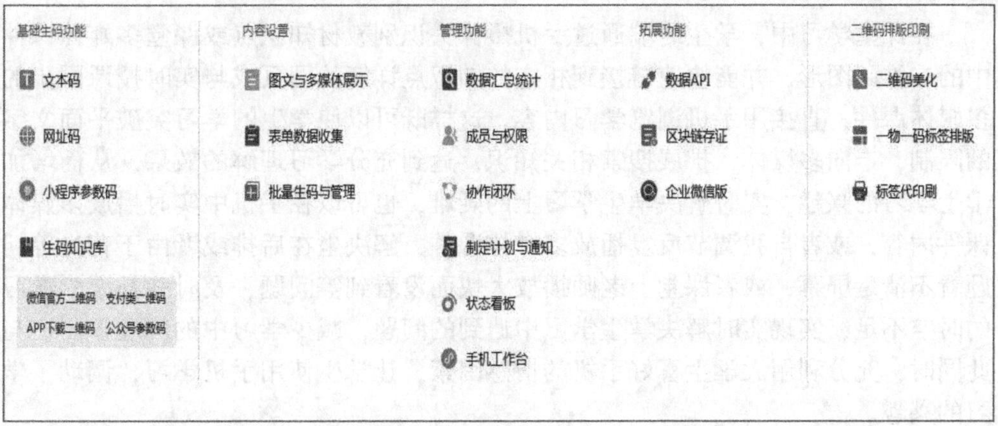

图 3-6　草料二维码生成器的完整功能图

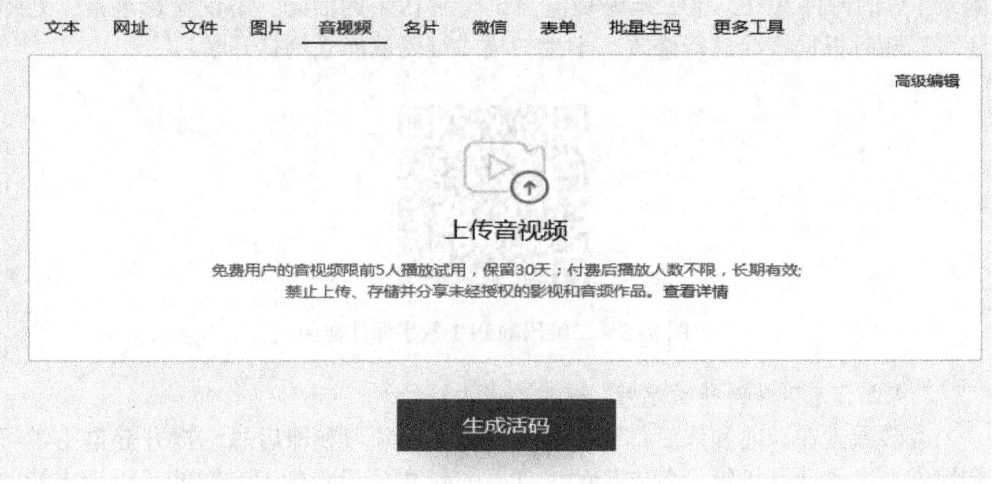

图 3-7　草料二维码生成器操作演示

3.4.5　基于二维码翻转课堂

翻转课堂的教学模式将这些信息技术及其应用方式充分地使用，是数字时代具有颠覆性的教学模式改革。二维码技术发展，在多种信息技术之间架起了桥梁，在二维码技术支撑和连接下，学生能根据二维码从已建成的网络教学平台中快速搜索和获取到在知识构建过程中所需要的知识和情景，增强了学生的自主学习、情景学习和协作学习效果，达到基于建构主义的融合多媒体课堂学习和网络学习的翻转课堂模式。

3.4.5.1 二维码数字课件

在课堂学习中，学生终端通过手机摄像头识别教材知识点或课堂多媒体课件中的二维码图形，并能快速链接到相应的知识点详解的网页或与实时授课同步的多媒体课件，直接用手机浏览学习内容。这样既可以使学生的学习突破平面文字的限制，走向多媒体，扩展搜索相关知识，达到充分学习理解的效果，从而增加学生学习的兴趣，实时解决学生学习上的疑难，也可以在手机中实时播放多媒体课件内容，或者自我调节反复播放多媒体课件，解决坐在后排或者由于背光等问题看不清楚屏幕，或者课堂上老师播放太快而没看到等问题，及时弥补课堂学习的时空不足，实现实时解决学生学习中遇到的问题，减少学习中的问题积压。与此同时，充分利用大学生喜好手机的情感因素，让学生使用手机学习，调动了学习的兴趣。

图 3-8 所示二维码是链接到本书作者在授课班级进行大学英语翻转课堂改革时所做的微课专题系列课程之一舌尖上的 PK——中美饮食文化差异（教案详见附录 1）的课件 PPT，该二维码是包含 5 次课 PPT 的活码，不仅含量丰富，老师还可以随时根据情况进行修改，学生扫描二维码就能立刻打开学习。

图 3-8 二维码融 PPT 数字课件样例

3.4.5.2 二维码移动学习

翻转课堂在课前和课后都需要学生进行课前预习和课后总结提升等自主学习和探索，电子计算机等设备支持的 E-Learning 电子设备学习和智能手机端支持的 M-Learning 移动学习是学生主要的学习方式。移动学习不只是数字化，还具有“移动”的特性，因此移动学习比电子学习的便利性更进一步，不受到桌面计算机环境限制，可以做到随时随地的学习，轻便的移动学习设备与无线网络环境提供了一种真正信息便利性和及时性。Kynaslahti 则认为移动学习应该具有方便性、权宜性、即时性三种意义。移动学习有三个要素：移动学习设备、通信基础设施、学习活动模式。移动学习设备必须具有轻薄性、易用性、功能性等条件。如果实施的移动学习设备是学生个人本身就已经拥有或容易取得的通信设备，则能够更及时引入移动学习概念于教学活动之中。真实的任务情境有利于促进学习者知识的迁移，把学习交流中抽象的知识与实际的学习生活相联系，运用到学习生活中去。二维码的使用使移动学习成为可能，并且提供了快速便捷的出入口。提供移动设备配合手机流量或 Wi-Fi 浏览在手机或服务器端所发布的信息。学习者获取信息的方式与操作一般计算机设备大致相同，不会产生距离感。

3.4.5.3 二维码合作学习

翻转课堂中课中和课后都包含线上合作学习，教师通过学习任务创设学习情境，学生在不同小组中一起学习，彼此间互相合作，资源交互，分享发现的成果，评价并修正彼此间观点。合作学习的基本定义为结构化的学习环境，在此情境下的不同小组具有共同的学习目标，促进自身与成员间学习动机，增进教材的了解与记忆。合作学习作为一种教学策略来讲，就是通过教师将学生妥善异构分组，在学习过程中教师扮演协助者角色，由教师协助，学生相互扶持，进行学习活动。而小组为了共同目标一起合作努力，以完成个人与团体学习目标，进而从中取得知识技能。在沟通交流中，他人的见解被自己吸收，自己的知识被他人激发，在观点的碰撞中促进进一步的反思，重新组织自己的知识结构，整个过程充满了对知识的探究、重组和创造，充分发挥着成员的本质力量，实现个体的最大化成长。

整合种种理论后归纳出：“合作学习是在学习的过程中，教师采用异构分组，让能力高、中、低的学生在合作学习情境中彼此进行沟通学习。小组成员互相依赖、合作、相互讨论与寻求答案。通过小组间的互动、社交技巧等方法，使小组的学习与运作更有效能。在合作学习的情境中，增进个人的自信与创造思考能力，营造出小组成员休戚与共的生命共同体。”用户可以移动设备配合手机流量或 Wi-Fi 进行信息的上传，学习者对已获取的信息进行反馈，获取有效数据资源。

有很多社交软件，例如学习通、QQ、微信等，都有自动生成二维码的功能，建群非常方便，分享二维码给学习小组的同学扫描就可以立刻加入合作学习。

3.4.5.4 二维码学习档案

学习历程档案最早被广泛应用在艺术上，有效地记录学习者的作品集。直到 20 世纪 80 年代末期，才开始正式且系统地应用在教育领域上。“学习历程档案”一词在学校中的最早应用，是从学生的作文档案开始。学习历程档案可以定义为学习者在学习阶段所有学习记录；其目的在于让学习者能够根据学习历程自我省思、改进与观摩他人，并将个人学习历程内记录的所有数据，提供给教师或家长以了解学习者的学习进度与成效。学习平台就能够得以分析学习者学习历程，从而达到反馈的功能。登录学习平台时，需要确认使用者的身份，记录学习历程文件，能够有效掌握学习者的学习经历，以便有针对性的开展教学活动；除此之外，还有利于学生对学习过程展开评价。翻转课堂的教学评价体系采取多元化和形成性的评价方法，学习档案包括学生的过程学习的数量、水平及参与活动的活跃性和表现优劣性的记录，对于翻转课堂的教学评价、学生学习能动性的激发、翻转课堂实施的效果都有重要的作用。

3.4.5.5 二维码后台管理

后台管理一般包括教材编辑模块、学习模块、传输模块和资料库管理模块这四个内部模块，以及它们与数据库之间的存取操作。教材编辑模块主要提供符合共享元件参照模型（SCORM）标准的教材，包含格式制作、格式转换两种功能，并将用户所提供的教材元件整合至系统的教材元件数据库内。学习模块提供的功能主要是能让个人或群组用户的学习都通过此模块来完成。通过此模块个人用户或群组用户可以将所取得的二维码的相关数据、教材等，通过手机流量或 WiFi 连上计算机硬件移动学习平台后记录并储存于数据库中，为个人或群组用户提供日后重复学习的便捷功能及了解目前学习状况等，也可以及时获取群组合作学习时组员所欲分享的信息。通过此模块可以将信息、QR code 或教材下载（上传）从（至）数据库中。数据库管理模块设置用户权限以维护与使用服务器数据库，设计的功能：权限管理；教材元件数据库、学习历程文件数据库与用户基本数据库的维护；开放一般用户可以增加、修改、删除与查询基本数据；群体数据的设置、维护。

总之，多媒体教学，如使用 PPT 幻灯片、播放影音资料、利用网络教学平台授课或者课堂外辅助教学等方式已经是高校教学的普遍形式。但经过近些年教学实践，多媒体教学的弊端开始显现，例如互联网教学平台虽有发展，但还处于课后学生浏览获取信息的阶段，大多没有与课堂教学相融合，达到扬长避短的效果。二维码就像一把快速获取数字信息或快速进入网络平台的一把“钥匙”，随着技术的发展和广泛应用，基于二维码融课件的翻转课堂使互联网教学平台和课堂教学、课后学生移动学习、合作学习实现快速同步和互补成为可能。

4 学科案例

2012 年4 月，教育部颁布文件，对于大学英语教学，提出了四项任务：建立大学英语教育质量标准体系；采用现代信息技术，改进大学英语教学方法；建立优质教学资源共享体系；提高英语教师教学能力。2013 年以来，输出性语言技能的培养在我国大学英语教学中得到了认可与强调。

本章将根据翻转课堂的特征和设计原则，借鉴国内外翻转课堂的实际应用案例，在结合大学英语教学的现状、困境和课程特色进行翻转课堂的可行性分析的基础上，探寻基于微课的大学英语翻转课堂应用模式，形成适合应用综合类课程实际课堂需求的翻转课堂模式。为检验基于微课的翻转课堂教学模式的可操作性和教学效果，本章拟以“大学英语（一）”的教学内容为例，开展基于微课的大学英语翻转课堂实证介绍。

4.1 大学英语教学改革的现实需要

当前，与初高中英语教学相比，大学英语教学虽然摆脱了升学压力的束缚，部分地方高校却仍是以非英语专业学生通过大学英语四、六级考试，托福考试，雅思考试和研究生英语考试为主要教学目标，贯穿着应试教育的主线，亟待改革。

同时，英语作为一种语言文化的学习，理应更加注重英语听说等交流技能的培养，而听说技能的提升则是建立在学生已经具备良好的英语词汇、语法、阅读理解和写作等基础知识牢固掌握并运用自如的前提之下的，这些都需要在良好的语言环境下才能完成。

由于大学英语教学往往受教学时间有限、教学场所固定和教材内容局限的限制，难以塑造良好而完善的英语语言环境，因此就很难实现非英语专业学生从听、说、读、写、译全方位技能的训练培养与综合提升。教师在课堂上 45 分钟内要将课本知识讲授给学生，学生忙于全神贯注听课记笔记，鲜有机会用英语进行口语表达训练，即便有机会说英语，也因紧张、害怕、胆怯、羞怯等心理而不敢开口，教师也就无法给予及时的发音纠正、语言听说等相关指导。有些英语课堂甚至存在着教学内容刻板，课堂设计乏味，教学模式僵化等现象。学生在大学英语课堂上只会学不会用，久而久之就会对大学英语课堂产生疲惫、厌倦、枯燥乏味的抗拒心理，无法实现融会贯通，严重影响了大学英语教学效果。

4.2 大学英语翻转课堂可行性分析

4.2.1 高等院校师生的特点

4.2.1.1 高等院校教师的特点

首先，相对于从事基础教育的中小学教师而言，大学英语教师有相对较高的学历和较快地接受新兴事物的能力。一项针对大学英语教师素质的调查研究发现全国大学英语教师平均年龄为31.19岁。这样年轻化的年龄结构更容易接受新的事物。

其次，作者在利用参会和培训的机会对100多位大学英语教师进行的调查中发现有6%的教师认为自己的创新意识非常强，50%认为自己创新意识较强，28%认为自己创新意识一般，16%认为自己创新意识较差。这说明大部分具备了一定语言和教学知识体系的大学英语教师很大程度上能够结合自己语言学习的经验，实现大学英语的创新性教学，这为大学英语微课教学资源的开发奠定了很好的人力资源基础。

再次，大学英语教师具有较好的信息技术应用能力。我国教育信息化的过程中，高等教育的信息化走在其他教育层次信息化的前列。而大学英语教学改革的推行使得大学英语教师较早地熟悉并使用计算机，并较早地应用了计算机网络，在课件制作、资源搜索及多媒体资源的获取与处理方面具有较扎实的基础。

4.2.1.2 高等院校学生的特点

大学生已具有较强的自主学习能力，能够完成微课程的学习。卜彩丽在针对大学生学习特点的问卷调查中发现：6%的学生认为自己的自学能力非常好，能够独立自主地学习；28%的学生认为自己的自学能力较好，在想学习的时候能够独立自主地学习；42%的学生认为自己的自学能力一般，在无人打扰和没有烦心事的时候能够静心学习；24%的学生认为自己的自学能力较差，易受外界干扰。

作者在所执教的二本院校将近300名学生中也做了类似的问卷调查，结果与上述研究基本相似：5%的学生认为自己的自学能力非常好，26%的学生认为自己的自学能力较好，44%的学生认为自己的自学能力一般，25%的学生认为自己的自学能力较差。综合两个研究，可以说我国高校大学生的自主学习能力较强。

大学生具有一定的英语表达能力，能够基本实现课堂交流。关于学生英语表达能力的调查发现：6%的学生认为自己英语表达能力非常好，能够很好地表达自己的意思；24%的同学认为自己的英语表达能力较好，能够顺利地阐明自己的观点和想法；42%的同学认为自己的英语表达能力一般，在借助肢体语言和极少量汉语的情况下能够实现交流的目的；有28%的同学认为自己的英语表达能力较差，不能够用英语很好地进行交流。

4.2.2 制作和观看视频条件

大学英语教学改革推行至今，基于多媒体和网络自主学习平台的大学英语教学模式在全国各地的高等院校已经基本确立。高等院校师生使用电脑、电子阅览室和自主学习平台的普及率已经很高，这为实现基于微课的翻转课堂模式进行大学英语教学提供了必要的硬件基础。

在作者对老师和学生的调查问卷中，100%的教师和71%的学生已经具有自己的个人电脑，29%的学生表示，虽然没有个人电脑，但学校提供的电子阅览室和基于校园网络的自主学习平台完全可以满足他们课外观看视频、学习微课的要求。

微课作为新兴教学资源方式，翻转课堂作为新兴教学模式在国外已经开始应用并取得了较好的教学效果。那么能否以及如何通过该教学资源方式和教学模式提升我国大学课堂教学效果已成为国内外语界专家和学者关注的焦点。国内众多学者和教学一线的工作者，如刘锐、赵兴龙、马秀麟等人都对微课及“翻转课堂”的概念、特征、优势作用、可行性、实施的策略和需要注意的环节等问题进行了研究，目前国内对于翻转课堂的研究更多地集中在理念性、探索性、策略性的层面。

目前，国内的研究多集中在中小学基础教学领域，并且较少地结合具体课程开展实验研究，特别是忽视了针对微课设计制作策略及翻转课堂实施过程中课前、课内、课后活动设计的衔接和一体化。作者认为这种缺失产生的根源在于对翻转课堂的定位停留在流程翻转的层面上，没有充分理解翻转课堂的基本要义是教学流程变革所带来的知识传授的提前和知识内化的优化，忽视了背后隐藏的知识内化的基本原理。翻转课堂主要通过教学流程翻转，分解知识内化的难度，增加知识内化的次数，促进学习者知识获得。教师在具体实施翻转课堂过程中，要遵循知识内化基本原理，根据课型、学情分析，选择恰当的教学策略。

4.3 大学英语翻转课堂的教学模式

从语言的性质及学习规律来看，语言是社会实际需要和实践的产物。语言在交际中才有生命，人们在使用语言过程中才能真正学会语言。大学英语教学的根本目的是培养大学生的英语综合应用能力，使他们在今后学习、工作和社会交往中能用英语有效地进行交际。尽管英语课程改革的重点就是要改变课堂过分注重语言知识的传授、忽略学生语言能力的培养，然而在实际的英语教学中，如何把培养学生的语言能力落实在课堂中，教师们一直在不断地思考和探索着。翻转课堂将知识的传授提到课前，课堂上老师和学生就有时间进行交流探讨，这样能增加学生课堂运用语言的机会，通过运用来促进学生对语言知识的内化和掌握。翻转课堂为英语教学改革提供了一种新的思路和视野。

4.3.1 翻转课堂与传统课堂的差异性

翻转课堂的基本教学流程是“学生提前看材料-做练习-教师指导-总结提升”，这个流程和传统课堂的“预习-课堂讲解-练习”在学习设计和教学组织上有较大的不同，其差异可见表 4-1，体现在翻转课堂的基本教学流程中各个环节，如预习环节（自学），需要教师提前做好学习活动指导方案的设计，并制作相应的学习资源（包括教学视频）和习题，同时将所有材料发布到学习平台上，以便为学生的自学提供清晰的指引和学习支撑。

表 4-1 翻转课堂与传统课堂的差异

教学环节			传统课堂	翻转课堂
课前	预习	作用	初步了解所学内容	掌握基本知识和能力，基本完成学习要求
		方式	自己阅读教材	阅读教材及其他材料、观看视频
		反馈	无	通过测试即时了解学生学习的结果
	练习	作用	无特别要求	通过配套习题或测试，帮助教师在课前掌握学生学习的情况，调整课堂的教学活动，并更有针对性地实施教学
		方式	学生自己做习题	在线习题或测试
		反馈	无	即时反馈、即时统计结果
课中	讲解	目的	帮助学生理解所教内容	解决学生课前学习所产生的困惑，引导学生总结和提升所学内容
		内容	全部内容	学生预习后出现的问题和产生的困惑、对所学内容的深层理解
		方式	讲授为主	答疑、研讨、讲授并用
课后	作业	目的	巩固理解	引导学生对所学内容进行反思、总结和提升
		形式	教师布置习题，学生独立完成	课后习题、研讨等
		指导	无	教师通过网络提供在线指导
平台			传统学校的教室和视听说教室	需要网络教学平台，用于发布学习指导、学习资源、教学视频、在线测试及测试结果的即时统计、反馈

4.3.2 基于微课的翻转课堂教学模式

对实验班的课堂教学进行有针对性的改革，探讨基于微课的翻转课堂英语教学模式的实现方式。教学改革贯穿整个实验过程的 16 周时间，贯穿在每一个单元每一个环节的教学过程当中，利用了课前、课中和课后的时间，注重课前、课内、课后活动设计和衔接，调动了参与主体包括老师和学生双方的积极性和主动性。

如图 4-1 所示，根据翻转课堂的特征和设计原则，借鉴国内外翻转课堂的实际应用案例，结合大学英语课程特色，将科学、有效并具有较高操作性作为设计原则，形成适合应用综合类课程实际课堂需求的基于微课的大学英语翻转课堂应用模式。

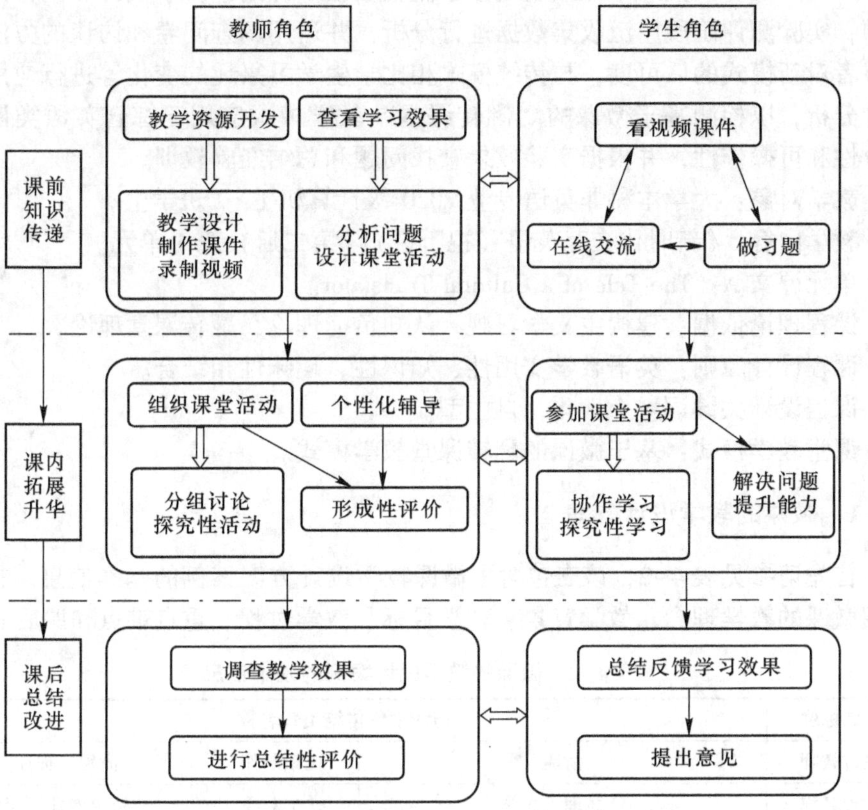

图 4-1 基于微课的翻转课堂教学模型

本模式的特色是角色分配明确，顺序性和操作性都比较强，并注重体现教师和学生在课堂内外，课前课后角色的转变。在该翻转课堂模型中，微课视频、网络交流和活动学习贯穿翻转课堂学习模式的始终，它们共同影响着学生的个别化学习环境，使学生在课堂之外能够自主学习又能够和老师同学沟通交流，在课堂内能够协作学习。

在课前，教师应用信息技术中的教学设计思想及先进的网络教学设备来创建适合学生个性化需求的简短教学视频，为学生在遇到疑惑时互相交流提供网络社交媒体，学生在课上利用信息技术的一些先进设备展示成果并交流。翻转课堂还为学生在课堂内外进行讨论交流等各种活动学习提供机会。

4.4 大学英语翻转课堂的微课设计

本章选“大学英语视听说教程”的一个单元的课程教学方案为例，开展教学实践，进一步阐释如何将基于微课的翻转课堂教学模式应用到大学英语教学课堂。

研究问题：在实践中详细制定教学流程及教学计划；科学设计和制作的微课视频；实验测评阶段广泛收集数据进行分析，并运用调查问卷和访谈的方法了解学习者对新模式的认可度，与传统模式相比学生学习兴趣的变化等进行应用效果评价分析，以检测基于微课的“翻转课堂”教学模式应用于综合英语类课程的有效性和可操作性，并根据实验效果查找问题和总结经验教训。

教学对象：大学本科非英语专业 2020 级计算机 1、2 班学生。

教学内容：《新时代交互英语（视听说）》(第二册) 第 1 单元。

单元课文 A：The Tale of a Cultural Translator。

课程理论依据：建构主义学习观，认知负荷理论，翻转课堂理论。

课程设计原则：英语教学实用性、知识性、趣味性相结合。

课程设计关键词：个性化，自主型。

课堂教学模式：基于微课的翻转课堂教学模式。

4.4.1 微课的教学设计方案

首先请参见表 4-2，该表包含了微课教学设计方案案例的基本信息。接下来介绍微课的教学理念、教学背景、教学目标、教学过程、重点难点和课后总结。

表 4-2 微课的教学设计案例的基本信息

微课标题	巧译中华传统美食名称		
主讲教师	俞婕	视频制作	俞婕、孙冰
学校名称	江西理工大学	教学对象	非英语专业二年级
所属课程	大学英语	课程编码	翻译 010103
教学时长	8 分 33 秒	知识要点	中餐菜名翻译技巧
教材名称	《新时代交互英语（视听说）》(第二册)	单元名称	Unit 1 A Quick Lunch

4.4.1.1 教学理念

A 大学英语教学应注重本民族文化的学习

在学习西方语言和文化的同时，应该加强本民族语言和文化的了解和表达，这不仅有助于消除因文化差异造成的障碍和误解，有助于加深跨文化交际的广度和深度，更有助于增强民族自豪感自信心，在国际交流的过程中为弘扬民族文化献一份力。

B 大学英语应讲究学习策略的教学

大学英语教学绝不是单纯语言知识点或单词词组的堆砌，英语也不是靠死记硬背就能学好的。教师应该针对大学生已经有一定英语基础和自主学习能力的特点，加强学习策略、学习方法、语言规律运用技巧等方面的归纳总结和教学，正所谓“授以鱼不如授以渔”。

C 大学英语教学应以提高实践运用能力为导向

英语学习的最终目的是将语言知识和能力应用到国际交流的实践中去。缺乏语境和实践导向的学习，往往是照本宣科的孤立的学习，单词语句往往生硬，无疑学生会觉得枯燥乏味，缺乏学习动力，并且较容易遗忘。相反，学生在与自己生活、学习、工作等密切相关的话题下进行语言输入，能够激发学生的语言学习兴趣，增加对语言学习的敏感度。

D 网络时代微课开启英语教学新方式

网络时代给传统英语课堂教学以新的挑战和新的生命力。面对挑战不应该害怕和退缩。英语教师要适应时代的变化，改变课堂角色，利用新技术开发新的教学方式，寻找传统教学方式和新媒体的结合方式，根据教材设计、教学主题的不同情况，灵活制作和运用微课作为传统课堂的教学补充或全面开启翻转课堂的新型教学模式。

4.4.1.2 教学背景

A 以主讲教师视频公开课的教学理念和制作为基础

由作者主讲和制作的视频公开课“舌尖上的PK——中美饮食文化差异专题课程”为本微课制作提供了重要前期条件和基础，该视频公开课经由江西理工大学推荐，在省教育厅创办的江西慕课网上公开呈现，供大家自主学习和讨论。

本微课是以弘扬中华传统饮食文化为主题的微课系列之一，该微课系列讲座是对视频公开课中中华民族的饮食文化做进一步的重点难点的专题讲解。

B 以学生学习的反馈为改进的指导意见

根据老师和学生们对前期视频公开课专题讲座的意见反馈发现，学生对本民族的饮食文化有较严重的缺失，而对西方的饮食观念，取材用餐方式等内容实际上比对自己国家的了解要多，要更会表达。这和目前英语课程及教材对中华民族自身文化的介绍缺失不无关系。

因此，有必要做弘扬中华传统饮食文化为主题的微课系列。一是加强本民族饮食文化和其他要素的英语学习和表达；二是对专题课程能够对重点和难度进行更细致地重点讲解和分析；三是微课短小精悍，重点突出，能够适应同学们利用分散化的课余时间随时随地进行观看和学习的需要。

4.4.1.3 教学目标

希望学生在学习完微课并加以练习后能够：

（1）了解中西方菜名的主要差异。

（2）掌握翻译中文菜名的三加三巧译法。

（3）加强传播中华传统文化的主人翁和爱国主义精神。

4.4.1.4 教学过程

A 内容导入（1 分 30 秒）

（1）视频导入介绍背景。通过 10 秒的“舌尖上的中国”视频导入课程背景，视频的形象性和直观性有效地吸引了学生的注意力，激发学生对本课主题的兴趣。

（2）提出实例问题引出课程主题。提出三个传统中国名菜的名称令人啼笑皆非，忍俊不禁的错误翻译，用轻松的方式导入如何翻译中国传统菜名的课程主题。

（3）直接说明教学目标。直接点明教学的两个目标，让学生明确本微课的希望达到的效果。

B 了解中英文菜名的文化差异（2 分钟）

（1）探究根本。通过对比中西方的菜名，指出中西方给食物命名的最根本的文化理念的不同：中文菜名更加含蓄，更注重文化及历史的寓意；而西方菜名更直接，更体现菜的材料和烹饪方法。

（2）动画演示错误翻译实例。列举三个常见又让人哭笑不得的错误翻译实例，来表明文化差异造成的菜名的根本不同。以轻松的方式让同学们认识到：如果不讲究二者的不同而直接字面翻译具有深层含义的中文的菜名，不仅不能起到介绍和沟通的作用，反而会给外国人带来困扰和遗憾，贻笑大方。

C 翻译的指导思想（15 分钟）

（1）引发思考。提出既然中文传统菜名和英文菜名有如此大的区别，我们该如何处理，引发学生的思考和学习兴趣。

（2）提出建议。采取折中的办法，翻译指导思想是既遵循西方的习惯，让外国人看懂，又体现中国特色。

D 翻译具体方法（4 分钟）

（1）动画分解巧译法的内涵和组成（1 分钟）。用动态图像展示“三加三翻译法”的含义和构成清晰易懂。

第一个“三”是指西方菜名的三方面的要素 Method of cooking 烹饪方法，Major-ingredient 主料及 Minor-ingredient 辅料，这三个词都是以 M 开头所以我们称之为 3M 法则。第二个“三”是指 3S（skills）三个用于保留中国特色的翻译技巧。

（2）实例讲解如何运用（3 分钟）

通过经典中英文菜名的实例分析和动画展示，讲解“三加三翻译法”的具体运用，帮助同学们记忆和掌握。

E 课程回顾（5 分钟）

将课程的两大内容和要点进行总结，突出强调了“三加三翻译法”的翻译技巧。

F 布置作业（3 分钟）

翻译具有代表性的中华美食名称：北京烤鸭、剁椒鱼头。

4.4.1.5 重点难点

中文菜名翻译的具体方法的学习和掌握是本课的重点和难点：

（1）对于老师来说，由于中文菜名的翻译方法没有现成的专门的书籍供老师和学生参考，所以没有现成的方法供老师教授给学生，需要老师根据现有的翻译范例和相关研究论文中去总结经验。“三加三翻译法”是主讲教师在阅读和研究大量文献，对照分析大量中英文菜名的翻译的基础上总结出来，方便学生掌握和记忆的翻译技巧和方法。

（2）对于学生来说，在老师用“三加三”这样非常形象的易懂的方法讲解之后，对于翻译要注意的两大方面及其组成成分，学生基本能够有明确的概念的。真正难的地方在于还要加强食物材质及烹饪方法等相关词汇的学习和熟练度的练习。

4.4.1.6 课后总结

A 学习时间的安排

本微课视频可以结合不同教材灵活使用，特别是在内容涉及中西方饮食文化或背景知识的阅读或视听说课程中使用。往往学生在之前的英语学习和阅读材料中已经接触过很多西方饮食文化的相关学习，而对于本民族文化的英语学习还很不够。双向的跨文化交流才是真正的适应我国社会发展和国际交流的需要的交流，我们应当加强中国传统饮食文化和英语表达的学习，弘扬和传播中华优秀的文化。

B 与传统课堂学习的结合方式

教师可以通过设计模拟对话，制作中英文菜单等课堂活动，加强食物材质及烹饪方法等相关词汇的学习和熟练度的练习。教师可以设置不同的用餐情景，让学生进行模拟对话，增加学生运用“三加三”翻译技巧的机会，真正掌握翻译菜名的方法；或打印几份中式菜单和西式菜单，在口语练习之后增加笔头合作翻译的活动。同学们可以相互的讨论，甚至在课堂再次观看微课的内容，进行学习。

4.4.2 基于微课的翻转课堂

理解东西方文化差异，掌握学习策略，兼顾语言知识的扩展；难点是外化语言知识，提高学生实际运用语言的能力。

为实现此目标，可利用来源于网络的广告视频、图片及与主题相关的电影片段，设计了与学习主题相关的情境，体现了实用性、知识性、趣味性相结合的教学原则，使学生在两组情境活动中触摸到文化差异这一抽象概念，在教师引导下结合自己已有的个人经验和背景知识，“内化”和“顺应”新的知识，建构起新知识意义，并且在这一过程中体现了发展自主学习能力、个性化学习方法的新课程要求。

4.4.2.1 开展课前活动

A 学生自主观看教学视频

学生在家观看教学视频的时间和节奏完全由自己来掌握，学生可选择某一时刻去观看教学视频，以提高学习效率。学生可对教学视频进行快进或者倒退，可暂停立刻记下自己的疑惑并进行思考，同时也可以将自己的收获记录下来，以便和同伴进行分享交流。

本单元的主体内容是西方的饮食文化，特别是快餐文化。然而世界一体化的浪潮中，中西饮食文化各领风骚，中华传统美食独具特色。在学习西方语言和文化的同时，应该加强对本民族语言和文化的了解和表达，这不仅有助于消除因文化差异造成的障碍和误解，加深跨文化交际的广度和深度，更有助于在交流过程中增强民族自豪感和自信心，并为弘扬民族文化献一份力。事实上西方的快餐文化和相关知识我们在近些年的改革开放过程中，学生都不陌生，反而在中西方交往中对如何向外国友人介绍中国饮食文化和菜品的话题比较陌生。因此本视频既可以作为本单元内容的导入环节，同时又可作为非常重要的补充和提升。

B 学生进行课前针对性练习

学生在观看教学视频之后，要完成教师提前布置好的课前针对性练习，以加强对学习内容的巩固。在做练习的过程中发现疑惑加以思考，如果解决不了就立刻记下来以便下一步的互动交流。在本视频末尾环节，布置了两题翻译练习，同学们可以自己尝试练习。

C 利用社交媒体进行交流

这种教学模式中存在同伴交流和师生交流两种。学生在家可以通过聊天室、留言板等社交媒体与同伴进行互动交流，分享各自的学习收获，探讨在观看视频过程及针对性课前练习过程中遇到的疑惑，互相解答。对于同伴之间解决不了的问题可以远程反馈给教师，进行师生交流，教师对学生进行个别指导并帮助学生解决有困难的问题。在利用社交媒体进行交流的过程中，要注意充分发挥社会临场感的作用，即增强在线学习者的归属感及凝聚力，使学习者快乐、不孤单地学习。

本教学实践采用的教学沟通平台是同学们熟知的网络交流平台 QQ 群。老师可以通过 QQ 群上传微课视频和相关课件资料、练习答案等公共的文件，同时可以随时在群中沟通和交流疑问。

4.4.2.2 组织课堂活动

A 师生共同确定探究问题

课堂探究的问题需要师生共同确定。从教师的角度，教师需要根据教学内容的重难点提出一些问题；从学生的角度，学生根据自己在课前观看教学视频、进行课前针对性练习时发现的疑问及同伴交流中未解决的困难提出一些问题。综合两方面来确定用于课堂探究的问题。建构主义者认为，知识的获得是学习者在一定的情景下通过人际协作活动实现意义建构的过程。

本单元课程所要探究的问题确定如下，安排在 3 个课时中，即 3 个 45 分钟内完成：

Q1：Food culture comparison between China and America.

（中美饮食文化差异对比）

Q2：How to order food in America fast food restaurant?

（如何在美国快餐店点餐？）

Q3：How to order food in a Chinese restaurant?

（如何在美国快餐店点餐？）

B 学生独立解决问题

著名的教学论专家余文森认为，每个学生都有独立的要求，整个学习过程就是一个争取独立和日益独立的过程。

在翻转课堂的活动设计中，教师应该注重培养学生的独立学习能力，让学生根据自己的兴趣自主选择相应的探究题目进行独立解决。只有当学生独立的去思考探究，去解决问题，才能有效地将知识内化，从而系统地构建出自己的知识体系。

Q1：Food culture comparison between China and America.

（中美饮食文化差异对比）

Q2：How to order food in America fast food restaurant?

（如何在美国快餐店点餐？）

Q3：How to order food in a Chinese restaurant?

（如何在美国快餐店点餐？）

第一个问题环节设计学生进行 5 分钟头脑风暴的形式，鼓励学生在五分钟独立思考之后提出三个中西饮食文化差异。旨在鼓励和尊重学生思维的发散性、独特性，体现建构主义的学习观。

第二个问题可用图片，引导学生回顾一遍常用美式快餐的食品名称学习。

第三个问题结合课前观看的微课视频进行引导，回顾中餐经典名菜名称的翻译方法。教师给出三到五个经典中餐名称请学生小组抢答的方式进行翻译。

值得一提的是，微课视频中主讲教师与大家分享的“三加三巧译法”，使用方法形象易懂、方便记忆，是对主讲教师深入研究翻译理论及大量翻译实践的规律总结，希望它能有所裨益，给同学们带来不一样的启示。

C 开展协作探究式活动

解决第一个问题，教师首先用幻灯片向学生展示 8 幅题为“东西饮食文化比较”的图片，图片的形象性和直观性有效地吸引了学生的注意力，激发学生对本课主题的兴趣。

教师根据学生的不同特点进行异质分组，并分配给每个小组探究式题目，每组规模一般控制在 3～5 人，在每组中推选出一个组长，用于组织该小组的探究活动。小组中的每个成员都要积极地参与到探究活动中，随时提出自己的观点和想法；小组成员之间通过交流、协作共同完成学习目标。在此过程中教师需要随时捕捉各小组的探究动态并及时加以指导，根据实际情况选择恰当的小组学习策略，如头脑风暴、小组讨论等。

教师给出小组活动步骤提示。值得注意的是，在布置小组任务时，教师特别设计提供了多于小组数量的选项，但是要求每个选项只能被一组使用。通过这一具有竞争性的任务选择方式，学生自活动开始便被调动起了参与的积极性。

学生通过较充分的小组讨论以及对各自所选主题的场景模拟，直观地感受到本课教学的重点即理解饮食文化差异，建构起他们对于课本主题的基本概念，并激发了探究问题解决方案的好奇心。

第二个问题可以结合书本上的词汇和问答句子结构，老师先做必要讲解和带读，之后学生进行替换和模拟练习。

第三个问题通过模拟场景对话，学生进行角色扮演。

D 学生进行成果展示与交流

学生经过了独立解决问题、小组间开展协作探究式活动之后，要将个人及小组的成果在课堂上进行展示。采取的形式有演讲型、成果演示型、小型比赛等，并且各小组之间进行交流与评论及分享学习收获。

第一个问题采用小组派代表，描述不同图形的所代表的不同饮食文化差异。

第二个问题通过两个同学之间 work in pair 模拟对话进行成果展示。

第三个问题采用小组角色扮演的方式进行展示，四至五个同学为一组，分别扮演在餐厅用餐的中国和美国朋友，中国朋友向美国朋友介绍中国美食和中美饮食文化的区别，同学们可以将在前两个问题中学到的中美饮食文化的区别，美式快餐的特点加入第三个问题成果展示中来。

E 进行教学评价与反馈

翻转课堂中的评价体制是多维度、多方式的，体现在以下几个方面：评价成员不再单纯是教师，还包括学习者、同伴及家长等；评价内容包括针对性练习的成绩、提出问题的情况、课堂独立解决问题的表现、在小组协作探究式活动中的表现、成果展示等多方面。教师根据这些反馈的评价结果制定下一步的教学计划和确定下节课的探究问题。

本课程的教学评价涉及两方面，一是微课视频的评价；二是翻转课堂效果的评价。具体评价方式和结果请参见本书的第四章内容。

4.4.2.3 作业或任务（发展自主学习能力，培养个性化学习方法）

针对前述本课教学重点和难点，并结合学生在课堂各环节的表现所反映出的知识建构的进展情况和程度，教师通过布置相关书面和口头作业，达到外化语言技能、操练学习策略、盘活知识要点、扩展背景知识的目的。

本教学案例所布置的作业有两题：一是翻译中英文菜名各十个；二是把在课堂中角色扮演的口语对话形成文字或录音文件，记录下在中餐馆和西餐馆点餐的常用句型和词汇，方便以后的复习和巩固。

4.5 大学英语翻转课堂的评价方式

翻转课堂与传统课堂的教学流程、教学方式和教学结构存在着明显差异，面对面教学重视教师的指导作用，但更关注学生如何在教师的指导下，通过自主探究与小组协作交流来促进认知与情感的内化。因此传统课堂的教学评价并不适合翻转课堂，建立翻转课堂的教学质量评价体系便成为了促进其推广应用和深入发展的关键。

4.5.1 改革大学英语翻转课堂评价方式的必要性

传统模式的教学评价更多是表现出结果导向的特征，采用传统模式来进行翻转课堂评价更多是属于浅层次的评价，无法对学生的学习能力和课程成绩进行有效反映，从而造成对积极参与翻转课堂学生评价的不公平，部分学生在考试前通过应试准备突击等方式就能够获得高分，这就打击了学生参与翻转课堂的积极性，无法引导学生利用翻转课堂来形成自己独特的学习模式，同时传统教学评价模式也不重视学生的英语语言运用能力，因而对于学生的语言素养等无法进行客观真实的评估。

翻转课堂在教学中的实践应用表明，教师必须要在课堂教学中注重提高自身的信息素养，利用网络平台来进行教学设计和评价，主动融合传统教育教学模式和现代信息技术，而在翻转课堂不断发展创新的背景下，传统的教学评价模式也将逐步被新的教学评价体系所淘汰。

虽然现代技术的发展实现了教学的智能化，但“互联网+”也给现代教育带来了一定的问题，这种教育模式更加突出数字化、虚拟化特征，学生是在虚拟空间来接受知识而忽视了真实世界的接触。因此这种教学模式可能让学生在自主学习探究中对于技术产生过度的依赖，信息技术并没有将传统教学问题根除，而是将这些教学问题隐藏在了技术背后，因此就必须要强调翻转课堂教学实践中的价值导向。国内在教学中推广应用翻转课堂过程中，如果不能够构建与之相适应的教学评价体系，国内学生也会面临学习模式选择、评价标准设置和资源管理等方面的现实问题。

课堂教学评价能够对于课堂教学效果和流程进行反馈，帮助教师进一步优化课程设计和教学方法。传统的教学评价中以教师评估为主，而翻转课堂的教学评价体系则更加突出学生评估的价值。大学英语翻转课堂评价方式的优势作用主要体现在 3 个方面：一是可以准确客观地反映学生的学习过程和学习成效。当前教学评价指标体系大都是基于教师主导的原则来选择评价指标，这些指标层次结构比较混乱，因此在翻转课堂教学中应当构建新的评价取向，注重以学评教。二是能够真正发挥教学评价的鉴定功能、激励功能。要变革传统教学中以学生表现为评价对象的模式，开始加强对于学习过程的评价，从而能够利用评价来改善教师的教学行为，同时引导学生主动反思自身学习并优化学习策略。三是优化教学模式和提升教学效果的功能。在翻转课堂中创新教学评价，就要善于运用不同评价工具来对学生的实践能力、协作能力、分享意识等进行过程性评价。本书对于大学英语翻转课堂的教学评价构建就是遵循整体主义逻辑，利用评估来确定翻转课堂中的学习价值选择，从而阐述了学本评估对于现代教学的重要意义。

4.5.2 大学英语翻转课堂新评价方式的优势作用

4.5.2.1 突出发展性评价、过程性和表现性的形成性评价

本书构建的评价体系更加突出发展性评价，同时对过程性和表现性的形成性评价也很重视，这样就能够在教学评价中实现知识和能力并重、过程与结果相统一，通过突出学生在教学中的主体地位来引导学生加强自我探究。这种评价体系提倡将评估任务和评估标准作为学习任务和标准。对翻转课堂可以从过程和结果两个维度来进行形成性教学质量的评估，能够帮助教师更好掌握学生的学习进展和实时状态，从而便于教师及时调整课程设计和教学模式，让学生能够在教学中满足自身的多元化需求。

4.5.2.2 能力评估、语言测试和动态行为跟踪的多元化评价体系

本书构建的评价体系（见表 4-3）多元性特征主要体现在评价目标、标准、对象、主体、内容和方式等多个方面。现代网络教学对于大学英语课程的教学目标和方式提出了新的要求，而传统语言测试、结构主义语言测试等手段已经不适

应今天的大学英语课程评价，教师在英语评价中除了采用能力测试以外，还应当加强对于学生英语学习过程中的动态评价，这样就能够综合评价学生在大学英语学习中所展现出的学习能力、交际能力等综合素质。

表 4-3 大学英语翻转课堂多元化形成性教学评价体系

<table>
<tr><th>一级指标</th><th>二级指标</th><th>建设要求</th><th>三级指标</th><th>评价依据</th><th>权重</th></tr>
<tr><td rowspan="5">课前表现</td><td rowspan="3">教学设计（教师）</td><td rowspan="3">采用“翻转课堂”教学模式进行教学设计，能够有效促进学生学习，并培养学生核心能力</td><td>课程教学内容与教学目标有明确对应关系，能支持教学目标的达成</td><td rowspan="3">教学大纲
改革方案</td><td rowspan="5">20%</td></tr>
<tr><td>课程知识点清晰，逻辑结构合理，能帮助学生建立较完整的知识体系</td></tr>
<tr><td>课程能够反映相关学科领域最新发展水平，并尽量与学生未来工作生活所处真实情境相关联</td></tr>
<tr><td rowspan="2">知识型自主学习（学生）</td><td rowspan="2">学生自主完成课前知识性的语言学习，并为课堂活动积极做准备</td><td>单词读音、构词法分析、搭配、例句分析</td><td rowspan="2">上传图片
朗读音频
学习讨论</td></tr>
<tr><td>朗读、预习和基本理解</td></tr>
<tr><td rowspan="6">课中表现</td><td rowspan="3">课堂授课（教师）</td><td rowspan="3">课堂教学重难点突出，教学有感染力，实施课堂教学改革，有效引导学生进入翻转课堂</td><td>课堂讲授条理清晰，语言明了，重点难点突出</td><td rowspan="3">学生评价
同行评价</td><td rowspan="6">20%</td></tr>
<tr><td>课堂活动丰富、有趣、有效</td></tr>
<tr><td>教师通晓学科知识，能够用对学科专业的热爱和对教学的热情感染学生</td></tr>
<tr><td rowspan="3">课堂活动（学生）</td><td rowspan="3">学生能够积极参与各项课堂活动，实现语言能力的提升</td><td>主题讨论、PPT 汇报等小组活动发言是否积极，语言水平和逻辑</td><td rowspan="3">学生互评
教师评价
学生自评</td></tr>
<tr><td>角色扮演是否自然，语言是否流畅生动</td></tr>
<tr><td>课堂发言的频率和语言表达水平</td></tr>
<tr><td rowspan="6">课后表现</td><td rowspan="3">线上组织（教师）</td><td rowspan="3">为学生提供高质量的网上教学资源，包括视频、测试题、网上试卷等</td><td>为学生提供丰富且有效的课外学习资源</td><td rowspan="3">网络课程资源使用，网上互动交流和检测情况统计
教师评价</td><td rowspan="6">20%</td></tr>
<tr><td>采用教学策略与方法，有效地调动学生的学习兴趣与学习积极性</td></tr>
<tr><td>有效组织在线学习、讨论、问卷调查在线合作学习情况</td></tr>
<tr><td rowspan="3">在线学习（学生）</td><td rowspan="3">通过在线测试、参与讨论区等方式，有效促进学生学习</td><td>高效获取并使用学习资源</td><td rowspan="3">学习通平台的统计数据</td></tr>
<tr><td>参与合作项目</td></tr>
<tr><td>积极参与问卷调查和讨论</td></tr>
</table>

续表 4-3

一级指标	二级指标	建设要求	三级指标	评价依据	权重
终结性评价	试卷设计（教师）	设计出能客观评价学生语言技能的试卷，客观评价学生阶段性学习成效	能否设计出对应课程要求和科学合理评价所学内容和学生语言技能的试卷	试卷评分 学生自评	40%
	期末考试（学生）	完成传统语言知识和能力的测试卷，综合评价和促进各项语言技能的提升	能否出色完成作文、快速阅读、深入阅读、语法选择、翻译等题型		

4.5.2.3 利用先进的学习平台作为教学评价的技术支撑

现有英语教学改革研究文献表明，教学评价的多元化动态化会明显增加英语教师的工作量。英语教师在翻转课堂中还需要花费大量时间来搜集整理资料来制作英语教学视频，对课堂教学活动进行设计组织，因此很难再有精力来对学生的课堂表现等进行跟踪记录，同时很多教师开展英语课程评价还缺乏必要的信息技术支撑，因而最终导致多元化教学评价成为空谈。

本次课堂研究翻转课堂教学评价中，借助于钉钉、QQ、学习通等网络平台来对学生的学习进行动态追踪统计，从而确保能够将评价贯穿于教学全过程，而且利用信息技术能够明显降低教师的跟踪统计工作量，从而帮助教师腾出更多精力来研究分析学生的学习状况。在新构建的指标体系中，被评价对象既包括教师也包括学生，对教师和对学生的评价分别占大学英语课堂教学评价最终结果的70%和30%，评价主体分学生、教师、同行及管理者。

5 效果测评

教学活动是学校教育的核心，教学效果的优劣直接影响着学生的发展。系统完整的教学效果评价包括对教学系统中各个要素进行具体评价，如对教师教学质量的评价、学生学习效果的评价、对课程或教学内容的评价、对教学媒介手段的评价等。

翻转课堂作为一种先使用视频自学，再组织课堂讨论或问题讲解，进行知识内化的、将传统的教学与学习进行翻转处理的新型教学形式，知识学习在课前通过视频自学完成，而课堂活动主要是为了知识的内化与深化。因此，翻转课堂教学评价重点理应放在改变或推动教学改革的内容上，如教学媒介材料的优劣，教学活动、教学手段是否处理得当，教学形式是否普遍被学生接受，以及是否有效促进了学生知识、技能的发展等方面。

为此，按照教学视频资源、课堂活动组织、交流与沟通等 3 个维度设计并制作了“大学英语（一）”微课视频和翻转课堂教学效果调查问卷，详见表 5-1。针对课题组成员对授课对象——2020 级计算机 1、2 班的 65 名学生进行问卷调查，发放问卷 65 份，回收 65 份，其中有效问卷 64 份，有效率 98.5%。

表 5-1　实验组的微课视频和翻转课堂学习的问卷调查

调查内容	调查问题	1	2	3	4	5
关于微课视频	微课视频的视觉效果					
	微课视频能激发学习兴趣					
	微课视频长度适中					
	教师能提供微课的讲解手册					
关于翻转课堂活动	教师课堂讲解活动频率					
	教师能提出问题，激发讨论，课堂活跃程度					
	翻转课堂课堂内探究活动的参与兴趣					
	翻转课堂课堂内探究活动难度适中					
	翻转课堂课堂内探究型活动针对性					
	翻转课堂课堂内活动创造性、自由发挥程度					
	课堂单独发言频率的自我评价					

续表 5-1

调查内容	调查问题	1	2	3	4	5
关于课外交流	是否与同学利用网络或面对面进行交流					
	是否与同学进行合作学习或协作探究					
	是否向老师请教或讨论不懂的问题					

注：表中各题的答案按照里克特五等级选项进行编制，表中数字从 1 到 5 代表了认同的五级，数字越大，表示被调查者越认同题目所陈述的内容。

在实验结束后，由课题组成员在实验班中进行调查问卷。调查问卷采用 5 点 Likert 度量表，内容涉及以下三个方面：(1) 微课视频效果，具体调查项目包括微课视频视觉效果、能激发学习兴趣、长度适中、教师能提供微课的讲解手册；(2) 翻转课堂课堂内参与活动情况，具体调查项目包括教师课堂讲解活动频率，教师能提出问题、激发讨论、课堂活跃程度，翻转课堂课堂内探究活动的参与兴趣，翻转课堂课堂内探究活动难度适中，翻转课堂课堂内探究型活动针对性，课堂单独发言频率的自我评价，翻转课堂课堂内活动创造性、自由发挥程度；(3) 翻转课堂课堂外的交流情况，具体调查项目包括是否与同学利用网络或面对面进行交流、是否与同学进行合作学习或协作探究、是否向老师请教或讨论不懂的问题。问卷内容主要是调查学生在基于微课的翻转课堂教学改革实验中的收获和遇到的问题。

发放调查问卷 129 份，回收 129 份，回收问卷全部有效。最后对实验班的学习成效进行了测试，基于对实验班和参照班的口语测试和成绩对照，将对本课题研究的效果和出现的问题进行评价和总结。

5.1 微课视频效果分析

翻转课堂中，学生通过课前观看教师提供的教学视频习得知识、操作技能。视频的优劣直接关系着课堂活动的组织，关系着后续学习活动的进行。也就是说，一个能激发学生学习兴趣、引导学习的视频是翻转课堂实施的前提和保障。

对视频教学资源长度进行调查发现，1.5% 的被调查者认为 1 分钟比较合适，53.1% 的认为 5～10 分钟比较合适，23.4% 的认为 2～5 分钟比较合适，18.8% 的认为 10～20 分钟比较合适，3.2% 的认为需要大于 20 分钟。可见，视频教学资源长度最好控制在 2～20 分钟。

当然，教学视频的长度还要考虑教学内容的复杂性，如果知识点组比较复杂、难以理解，可以适当延长视频长度，若相反可适当缩短长度。

当涉及何种形式的视频能激发学生的兴趣时，“讲解生动形象，条理清晰的”（60.3%）和“结构合理，有针对性的”（41.3%）最受欢迎，然后才考虑时间长度、画面质量、声音质量（本题项为复选题）。可见，教学视频是否具备吸引力的关键在于主讲教师对知识处理是否合理、有序，对知识结构分析是否清晰、明了，对知识内涵讲解是否深彻、有启发性。

在超星“学习通”的“任务发布”中有一个视频和教学课件的监控设置，教师能检测到学生学习的进度，同时在“讨论”中老师可以发布课前讨论题目和相关任务，督促学生完成课前的线上自主学习。同时学习平台可以设置得分，给予动态学习评价和积分。对“大学英语（一）”课程的教学视频调查发现，绝大多数学生认为本课程的教学视频资源的视觉效果较好，大部分学生认为教学视频能激发他们的学习兴趣，且认为本课程的教学视频长度适中，便于观看。同时学生普遍认为教师能及时提供视频的重难点讲解手册，帮助学生学习。然而对教学视频的互动性评价较差，普遍认为该课程的教学视频没有有效实现教学内容与学习者之间的互动，不利于学习动机的维持和学习的持续（相关数据见表5-2）。

表5-2 微课效果评价数据

调查问题	1	2	3	4	5
微课视频的视觉效果	1.6%	6.2%	34.4%	50%	7.8%
微课视频能激发学习兴趣	1.6%	14.1%	42.1%	39.1%	3.1%
微课视频长度比较适中	1.6%	20.3%	37.5%	32.8%	7.8%
教师能提供微课的讲解手册	3.1%	9.4%	39.1%	37.5%	10.9%
微课视频的互动性较强	4.7%	34.4%	46.9%	14.0%	0%

注：表中各题的答案按照里克特五等级选项进行编制，表中数字从1到5代表了认同的五级，数字越大，表示被调查者越认同题目所陈述的内容。

5.2 课堂活动效果分析

翻转课堂的课堂，是质疑问难、知识相遇、思想碰撞的场域，是对学习问题的探讨，是师生的互动交流。

对翻转课堂教学活动情况调研发现（表5-3），学生普遍（43.8%）认为课堂讲解组织得较少，有28.6%的学生认为课堂比较活跃，28.6%的学生认为教师能较好地提出问题、激发讨论，仅9.7%的同学认为非常好。因此老师在设计问题，激发讨论，提升课堂活跃程度方面要再下点功夫，教师之间多讨论多学习。要组织好课堂讨论，不仅要求教师做好引导组织工作，还要求在日常教学中营造讨论分享的氛围，培养学生表达自我的能力和习惯。

表5-3 翻转课堂课堂内参与活动情况调查数据

调查问题	1	2	3	4	5
老师课堂讲解活动频率	7.8%	43.8%	29.7%	15.6%	13.1%
老师能提出问题，激发讨论，课堂活跃程度	12.6%	24.7%	24.4%	28.6%	9.7%

续表 5-3

调查问题	1	2	3	4	5
翻转课堂课堂内探究活动的参与兴趣	0%	1. 6%	24. 9%	39. 1%	34. 4%
翻转课堂课堂内探究活动难度适中	0%	14. 6%	18. 8%	60. 3%	6. 3%
翻转课堂课堂内探究型活动针对性	0%	17. 1%	32. 2%	20. 2%	30. 5%
翻转课堂课堂内活动创造性，自由发挥程度	0%	10. 9%	46. 9%	34. 4%	7. 8%
课堂单独发言频率的自我评价	6. 3%	27. 7%	38. 8%	17%	10. 2%

在翻转课堂教学课程中，探究活动不仅是课堂内化知识、深化理论的重要手段，还是贯通课前自学、课中内化、课后升华等3个阶段的策略和工具，也是课堂组织的一种方式。因此，探究活动设计的优劣很大程度上影响着翻转课堂教学活动的质量，影响着翻转课堂教学的成功与否。调查发现翻转课堂的探究活动组织得比较多（表5-3）（非常多 17. 2%，比较多 50%，一般 18. 8%，其余的为比较少或少），难度适中（非常适中 6. 3%，比较适中 70. 3%，一般 18. 8%，其余的为不适中或非常不适中）。学生对课堂探究活动的兴趣普遍比较高（39. 1%），兴趣非常高的也达到了 34. 4%，学生普遍认为针对性强（30. 5%）、有创造性自由发挥较强（30. 5%）的探究型任务比较受欢迎，而“依葫芦画瓢”式的机械性操作普遍受到抵制。因此，要保障翻转课堂的教学效果，必然要依据课程内容，设计并实施有针对性、能发挥学生能动性和创造性的探究任务。

同时研究发现，虽然学生对课堂的探究讨论兴趣大，对其针对性、创造性评价都比较高，但对于自己参与讨论和发言频率评价都较低，仅10. 2%的学生认为自我发言频率非常高，38. 8%的同学认为参与程度一般，这说明学生发言和参与程度都有所保留，还有很大进步空间，原因大都认为是受到习惯传统、害羞心理等的影响。

5. 3 课外交流效果分析

“大学英语”作为一门文化与实践技能结合的课程，其知识、技能不免会具有较强的情境依赖性、内隐性等特征，强调学生在实践中的参与、体验及实践之后的反思和共享等对知识习得的作用，也就是知识在体验中生成、在反思中发展、在共享中增值。沟通、交流与分享不仅是解决疑问的方法，还是生成智慧、实现知识与技能融合的有效路径。调研数据显示，虽然大部分学生认为交流互动非常重要（53. 1%的认为非常重要，42. 2%的认为比较重要，认为一般及以下的仅占 4. 7%），但课下通过面对面或网络手段（如 QQ、微信等）进行交流的频率较低，与学生进行合作或协作探究的频率也较低，与教师的交流则更少（详见表5-4）。可见，学生虽能意识到交流和沟通对学习的促进作用，却由于害羞或原有习惯而使实际学习过程中交流、合作较少。打破原有习惯，克服害羞心理，努力实现学习者之间的有效沟通，是达成群体智慧生成的有效途径。

表 5-4 翻转课堂课堂外的交流情况调查数据

调查问题	1	2	3	4	5
是否与同学网络或面对面进行交流	3.1%	21.9%	42.2%	31.2%	1.6%
是否与同学合作学习或协作探究	7.8%	21.9%	45.3%	25%	0%
是否向老师请教或讨论不懂的问题	14.1%	28.1%	48.4%	9.4%	0%

5.4 考试成绩效果分析

站在教的立场上，预期的学习结果称为教学目标，而站在学的立场上，它被称为学习结果。无论从教的立场还是学的立场，在课程教学评价中，学习结果是指通过一门课程的学习，学生必须掌握的知识与技能的总和，评价一门课程教学成功与否的主要依据。课题组成员对研究对象和参照对象分别进行了笔试和口语前测和后测。

5.4.1 笔试和口语测试的前测和后测的试卷及题目样例

5.4.1.1 实验班和参照班前测笔试试卷

Part Ⅰ Writing (30 minutes)

Directions: For this part, you are allowed 30 minutes to write a short essay entitled How Should Parents Help Children to Be Independent? You should write at least 150 words following the outline given below.

1. 目前不少父母为孩子包办一切
2. 为了让孩子独立，父母应该……

How Should Parents Help Children to Be Independent?

Part Ⅱ Reading Comprehension (**Skimming and Scanning**) (15 minutes)

Directions: In this part, you will have 15 minutes to go over the passage quickly and answer the questions on Answer Sheet 1. For questions 1-7, choose the best answer from the four choices marked [A] [B] [C] and [D]. For questions 8-10, complete the sentences with the information given in the passage.

A Grassroots Remedy

Most of us spend our lives seeking the natural world. To this end, we walk the dog, play golf, go fishing, sit in the garden, drink outside rather than inside the pub, have a picnic, live in the suburbs, go to the seaside, buy a weekend place in the country. The most popular leisure activity in Britain is going for a walk. And when joggers（慢跑者）jog, they don't run the streets. Every one of them instinctively heads to the park or the river. It is my profound belief that not only do we all need nature, but we all seek nature, whether we know we are doing so or not.

But despite this, our children are growing up nature-deprived（丧失）. I spent my boyhood climbing trees on Streatham Common, South London. These days, children are robbed of these ancient freedoms, due to problems like crime, traffic, the loss of the open spaces and odd new perceptions about what is best for children, that is to say, things that can be bought, rather than things that can be found.

The truth is to be found elsewhere. A study in the US shows families had moved to better housing and the children were assessed for ADHD—attention deficit hyperactivity disorder（多动症）. Those whose accommodation had more natural views showed an improvement of 19%; those who had the same improvement in material surroundings but no nice view improved just 4%.

A study in Sweden indicated that kindergarten children who could play in a natural environment had less illness and greater physical ability than children used only to a normal playground. A US study suggested that when a school gave children access to a natural environment, academic levels were raised across the entire school.

Another study found that children play differently in a natural environment. In playgrounds, children create a hierarchy（等级）based on physical abilities, with the tough ones taking the lead. But when a grassy area was planted with bushes, the children got much more into fantasy play, and the social hierarchy was now based on imagination and creativity.

Most bullying（恃强凌弱）is found in schools where there is a tarmac（柏油碎石）playground; the least bullying is in a natural area that the children are encouraged to explore. This reminds me unpleasantly of Sunnyhill School in Streatham, with its harsh tarmac, where I used to hang about in corners fantasising about wildlife.

But children are frequently discouraged from involvement with natural spaces, for health and safety reasons, for fear that they might get dirty or that they might cause damage. So, instead, the damage is done to the children themselves: not to their bodies but to their souls.

One of the great problems of modern childhood is ADHD, now increasingly and expensively treated with drugs. Yet one study after another indicates that contact with nature gives huge benefits to ADHD children. However, we spend money on drugs rather than on green places.

The life of old people is measurably better when they have access to nature. The increasing emphasis for the growing population of old people is in quality rather than quantity of years. And study after study finds that a garden is the single most important thing in finding that quality.

In wider and more difficult areas of life, there is evidence to indicate that natural surroundings improve all kinds of things. Even problems with crime and aggressive behaviour are reduced when there is contact with the natural world.

Dr William Bird, researcher from the Royal Society for the Protection of Birds, states in his study, "A natural environment can reduce violent behaviour because its restorative process helps reduce anger and impulsive behaviour." Wild places need encouraging for this reason, no matter how small their contribution.

We tend to look on nature conservation as some kind of favour that human beings are granting to the natural world. The error here is far too deep: not only do humans need nature for themselves, but the very idea that humanity and the natural world are separable things is profoundly damaging.

Human beings are a species of mammals (哺乳动物). For seven million years they lived on the planet as part of nature. Our ancestral selves miss the natural world and long for contact with non-human life. Anyone who has patted a dog, stroked a cat, sat under a tree with a pint of beer, given or received a bunch of flowers or chosen to walk through the park on a nice day, understands that.

We need the wild world. It is essential to our well-being, our health, our happiness. Without the wild world we are not more but less civilised. Without other living things around us we are less than human.

Five ways to find harmony with the natural world.

Walk: Break the rhythm of permanently being under a roof. Get off a stop earlier, make a circuit of the park at lunchtime, walk the child to and from school, get a dog, feel yourself moving in moving air, look, listen, absorb.

Sit: Take a moment, every now and then, to be still in an open space. In the garden, anywhere that's not in the office, anywhere out of the house, away from the routine. Sit under a tree, look at water, feel refreshed, ever so slightly renewed.

Drink: The best way to enjoy the natural world is by yourself; the second best way is in company. Take a drink outside with a good person, a good gathering: talk with the sun and the wind with birdsong for background.

Learn: Expand your boundaries. Learn five species of bird, five butterflies, five trees, five bird songs. That way, you see and hear more, and your mind responds gratefully to the greater amount of wildness in your life.

Travel: The places you always wanted to visit: by the seaside, in the country, in the hills. Take a weekend break, a day-trip, get out there and do it: for the scenery, for the way through the woods, for the birds, for the bees. Go somewhere special and bring specialness home. It lasts forever, after all.

1. What is the author's profound belief?

[A] People instinctively seek nature in different ways.

[B] People should spend most of their lives in the wild.

[C] People have quite different perceptions of nature.

[D] People must make more efforts to study nature.

2. What does the author say people prefer for their children nowadays?

[A] Personal freedom.

[B] Things that are natural.

[C] Urban surroundings.

[D] Things that are purchased.

3. What does a study in Sweden show?

[A] The natural environment can help children learn better.

[B] More access to nature makes children less likely to fall ill.

[C] A good playground helps kids develop their physical abilities.

[D] Natural views can prevent children from developing ADHD.

4. Children who have chances to explore natural areas ______.

[A] tend to develop a strong love for science

[B] are more likely to fantasise about wildlife

[C] tend to be physically tougher in adulthood

[D] are less likely to be involved in bullying

5. What does the author suggest we do to help children with ADHD?

[A] Find more effective drugs for them.

[B] Provide more green spaces for them.

[C] Place them under more personal care.

[D] Engage them in more meaningful activities.

6. In what way do elderly people benefit from their contact with nature?

[A] They look on life optimistically.

[B] They enjoy a life of better quality.

[C] They are able to live longer.

[D] They become good-humoured.

7. Dr William Bird suggests in his study that ________.

[A] humanity and nature are complementary to each other

[B] wild places may induce impulsive behaviour in people

[C] access to nature contributes to the reduction of violence

[D] it takes a long time to restore nature once damaged

8. It is extremely harmful to think that humanity and the natural world can be ________.

9. The author believes that we would not be so civilised without ________.

10. The five suggestions the author gives at the end of the passage are meant to encourage people to seek ________ with the natural world.

Part Ⅲ Listening Comprehension (35 minutes)

Section A

Directions: In this section, you will hear 8 short conversations and 2 long conversations. At the end of each conversation, one or more questions will be asked about what was said. Both the conversations and the questions will be spoken only once. After each question there will be a pause. During the pause, you must read the four choices marked [A] [B] [C] and [D], and decide which is the best answer. Then mark the corresponding letter on Answer Sheet 2 with a single line through the centre.

11. [A] The man should visit the museums.

[B] She can't stand the hot weather.

[C] The beach resort is a good choice.

[D] She enjoys staying in Washington.

12. [A] Her new responsibilities in the company.

[B] What her job prospects are.

[C] What the customers' feedback is.

[D] The director's opinion of her work.

13. [A] Combine her training with dieting.

[B] Repeat the training every three days.

[C] Avoid excessive physical training.

[D] Include weightlifting in the program.

14. [A] When she will return home.

[B] Whether she can go by herself.

[C] Whether she can travel by air.

[D] When she will completely recover.

15. [A] The woman knows how to deal with the police.
    [B] The woman had been fined many times before.
    [C] The woman had violated traffic regulations.
    [D] The woman is good at finding excuses.

16. [A] Switch off the refrigerator for a while.
    [B] Have someone repair the refrigerator.
    [C] Ask the man to fix the refrigerator.
    [D] Buy a refrigerator of better quality.

17. [A] He owns a piece of land in the downtown area.
    [B] He has got enough money to buy a house.
    [C] He can finally do what he has dreamed of.
    [D] He is moving into a bigger apartment.

18. [A] She is black and blue all over.
    [B] She has to go to see a doctor.
    [C] She stayed away from work for a few days.
    [D] She got hurt in an accident yesterday.

Questions 19 to 21 are based on the conversation you have just heard.

19. [A] She was a bank manager.
    [B] She was a victim of the robbery.
    [C] She was a defence lawyer.
    [D] She was a witness to the crime.

20. [A] A tall man with dark hair and a moustache.
    [B] A youth with a distinguishing mark on his face.
    [C] A thirty-year-old guy wearing a light sweater.
    [D] A medium-sized young man carrying a gun.

21. [A] Identify the suspect from pictures.
    [B] Go upstairs to sign some document.
    [C] Have her photo taken for their files.
    [D] Verify the record of what she had said.

Questions 22 to 25 are based on the conversation you have just heard.

22. [A] By reading a newspaper ad.
    [B] By seeing a commercial on TV.
    [C] By listening to the morning news.
    [D] By calling an employment service.

23. [A] She could improve her foreign languages.
    [B] She could work close to her family.
    [C] She could travel overseas frequently.
    [D] She could use her previous experiences.
24. [A] Taking management courses.
    [B] Teaching English at a university.
    [C] Working as a secretary.
    [D] Studying for a degree in French.
25. [A] Prepare for an interview in a couple of days.
    [B] Read the advertisement again for more details.
    [C] Send in a written application as soon as possible.
    [D] Get to know the candidates on the short list.

Section B

Directions: In this section, you will hear 3 short passages. At the end of each passage, you will hear some questions. Both the passage and the questions will be spoken only once. After you hear a question, you must choose the best answer from the four choices marked [A] [B] [C] and [D]. Then mark the corresponding letter on Answer Sheet 2 with a single line through the centre.

Passage One

Questions 26 to 29 are based on the passage you have just heard.

26. [A] They cannot see the firefighters because of the smoke.
    [B] They do not realize the danger they are in.
    [C] They cannot hear the firefighters for the noise.
    [D] They mistake the firefighters for monsters.
27. [A] He travels all over America to help put out fires.
    [B] He often teaches children what to do during a fire.
    [C] He teaches Spanish in a San Francisco community.
    [D] He provides oxygen masks to children free of charge.
28. [A] He saved the life of his brother choking on food.
    [B] He rescued a student from a big fire.
    [C] He is very good at public speaking.
    [D] He gives informative talks to young children.
29. [A] Firefighters play an important role in America.
    [B] Kids should learn not to be afraid of monsters.
    [C] Carelessness can result in tragedies.

[D] Informative speeches can save lives.

Passage Two

Questions 30 to 32 are based on the passage you have just heard.

30. [A] To satisfy the needs of their family.
    [B] To fully realize their potential.
    [C] To make money for early retirement.
    [D] To gain a sense of their personal worth.
31. [A] They may have to continue to work in old age.
    [B] They may regret the time they wasted.
    [C] They may have nobody to depend on in the future.
    [D] They may have fewer job opportunities.
32. [A] Making wise use of your time.
    [B] Enjoying yourself while you can.
    [C] Saving as much as you can.
    [D] Working hard and playing hard.

Passage Three

Questions 33 to 35 are based on the passage you have just heard.

33. [A] Hardworking students being accused of cheating.
    [B] Boy students being often treated as law-breakers.
    [C] Innocent people being suspected groundlessly.
    [D] Junior employees being made to work overtime.
34. [A] Forbidding students to take food out of the restaurant.
    [B] Requesting customers to pay before taking the food.
    [C] Asking customers to leave their bags on the counters.
    [D] Allowing only two students to enter at a time.
35. [A] He was taken to the manager.
    [B] He was closely watched.
    [C] He was asked to leave.
    [D] He was overcharged.

Section C

Directions: In this section, you will hear a passage three times. When the passage is read for the first time, you should listen carefully for its general idea. When the passage is read for the second time, you are required to fill in the blanks numbered from 36 to 43 with the exact words you have just heard. For blanks numbered from 44 to 46 you are required to fill in the missing information. For these blanks, you can either use the exact words you have just heard or write down the main points in your own words. Finally, when the passage is read for the third time, you should check what you have written.

Writing keeps us in touch with other people. We write to communicate with relatives and friends. We write to (36) ________ our family histories so our children and grand-children can learn and (37) ________ their heritage (传统). With computers and Internet connections in so many (38) ________, colleges, business, people e-mailing friends and relatives all the time—or talking to them in writing in online (39) ________ rooms. It is cheaper than calling long distance, and a lot more (40) ________ than waiting until Sunday for the telephone (41) ________ to drop. Students are e-mailing their professors to (42) ________ and discuss their classroom assignments and to (43) ________ them. They are e-mailing classmates to discuss and collaborate (合作) on homework. (44) ________.

Despite the growing importance of computers, however, there will always be a place and need for the personal letter. (45) ________. No matter what the content of the message, its real point is, "I want you to know that I care about you." (46) ________, but only in the success of human relationships.

Part Ⅳ Reading Comprehension (Reading in Depth) (25 minutes)

Questions 47 to 56 are based on the following passage.

What determines the kind of person you are? What factors make you more or less bold, intelligent, or able to read a map? All of these are influenced by the interaction of your genes and the environment in which you were __47__. The study of how genes and environment interact to influence __48__ activity is known as behavioral genetics. Behavioral genetics has made important __49__ to the biological revolution, providing information about the extent to which biology influences mind, brain and behavior.

Any research that suggests that __50__ to perform certain behaviors are based in biology is controversial. Who wants to be told that there are limitations to what you can __51__ based on something that is beyond your control, such as your genes? It is easy to accept that genes control physical characteristics such as sex, race and eye color. But can genes also determine whether people will get divorced, how __52__ they are, or what career they are likely to choose? A concern of psychological scientists is the __53__ to which all of these characteristics are influenced by nature and nurture (养育), by genetic makeup and the environment. Increasingly, science __54__ that genes lay the groundwork for many human traits. From this perspective, people are born __55__ like undeveloped photographs. The image is already captured, but the way it __56__ appears can vary based on the development process. However, the basic picture is there from the beginning.

[A] abilities
[B] achieve
[C] appeal
[D] complaints
[E] contributions
[F] displayed
[G] essentially
[H] eventually
[I] extent
[J] indicates
[K] proceeds
[L] psychological
[M] raised
[N] smart
[O] standard

Section D

Passage One

Questions 57 to 61 are based on the following passage.

It is pretty much a one-way street. While it may be common for university researchers to try their luck in the commercial world, there is very little traffic in the opposite direction. Pay has always been the biggest deterrent, as people with families often feel they can not afford the drop in salary when moving to a university job. For some industrial scientists, however, the attractions of academia (学术界) outweigh any financial considerations.

Helen Lee took a 70% cut in salary when she moved from a senior post in Abbott Laboratories to a medical department at the University of Cambridge. Her main reason for returning to academia mid-career was to take advantage of the greater freedom to choose research questions. Some areas of inquiry have few prospects of a commercial return, and Lee's is one of them.

The impact of a salary cut is probably less severe for a scientist in the early stages of a career. Guy Grant, now a research associate at the Unilever Centre for Molecular Informatics at the University of Cambridge, spent two years working for a pharmaceutical (制药的) company before returning to university as a post-doctoral researcher. He took a 30% salary cut but felt it worthwhile for the greater intellectual opportunities.

Higher up the ladder, where a pay cut is usually more significant, the demand for scientists with a wealth of experience in industry is forcing universities to make the transition (转换) to academia more attractive, according to Lee. Industrial scientists tend to receive training that academics do not, such as how to build a multidisciplinary team, manage budgets and negotiate contracts. They are also well placed to bring something extra to the teaching side of an academic role that will help students get a job when they graduate, says Lee, perhaps experience in manufacturing practice or product development. "Only a small number of undergraduates will continue in an academic career. So someone leaving university who already has the skills needed to work in an industrial lab has far more potential in the job market than someone who has spent all their time on a narrow research project."

57. By "a one-way street" (Line 1, Para. 1), the author means ________.
   [A] university researchers know little about the commercial world
   [B] there is little exchange between industry and academia
   [C] few industrial scientists would quit to work in a university
   [D] few university professors are willing to do industrial research

58. The word "deterrent" (Line 2, Para. 1) most probably refers to something that ________.
   [A] keeps someone from taking action
   [B] helps to move the traffic
   [C] attracts people's attention
   [D] brings someone a financial burden

59. What was Helen Lee's major consideration when she changed her job in the middle of her career?
   [A] Flexible work hours.
   [B] Her research interests.
   [C] Her preference for the lifestyle on campus.
   [D] Prospects of academic accomplishments.

60. Guy Grant chose to work as a researcher at Cambridge in order to ________.
   [A] do financially more rewarding work
   [B] raise his status in the academic world
   [C] enrich his experience in medical research
   [D] exploit better intellectual opportunities

61. What contribution can industrial scientists make when they come to teach in a university?
   [A] Increase its graduates' competitiveness in the job market.
   [B] Develop its students' potential in research.
   [C] Help it to obtain financial support from industry.
   [D] Gear its research towards practical applications.

Passage Two

Questions 62 to 66 are based on the following passage.

Being sociable looks like a good way to add years to your life. Relationships with family, friends, neighbours, even pets, will all do the trick, but the biggest longevity (长寿) boost seems to come from marriage or an equivalent relationship. The effect was first noted in 1858 by William Farr, who wrote that widows and widowers (鳏夫) were at a much higher risk of dying than their married peers. Studies since then suggest that marriage could add as much as seven years to a man's life and two to a woman's. The effect holds for all causes of death, whether illness, accident or self-harm.

Even if the odds are stacked against you, marriage can more than compensate. Linda Waite of the University of Chicago has found that a married older man with heart disease can expect to live nearly four years longer than an unmarried man with a healthy heart. Likewise, a married man who smokes more than a pack a day is likely to live as long as a divorced man who doesn't smoke. There's a flip side, however, as partners are more likely to become ill or die in the couple of years following their spouse's death, and caring for a spouse with mental disorder can leave you with some of the same severe problems. Even so, the odds favour marriage. In a 30-year study of more than 10,000 people, Nicholas Christakis of Harvard Medical School describes how all kinds of social networks have similar effects.

So how does it work? The effects are complex, affected by socio-economic factors, health-service provision, emotional support and other more physiological (生理的) mechanisms. For example, social contact can boost development of the brain and immune system, leading to better health and less chance of depression later in life. People in supportive relationships may handle stress better. Then there are the psychological benefits of a supportive partner.

A life partner, children and good friends are all recommended if you aim to live to 100. The ultimate social network is still being mapped out, but Christakis says: "People are interconnected, so their health is interconnected."

62. William Farr's study and other studies show that ________.

[A] social life provides an effective cure for illness

[B] being sociable helps improve one's quality of life

[C] women benefit more than men from marriage

[D] marriage contributes a great deal to longevity

63. Linda Waite's studies support the idea that ________.

[A] older men should quit smoking to stay healthy

[B] marriage can help make up for ill health

[C] the married are happier than the unmarried

[D] unmarried people are likely to suffer in later life

64. It can be inferred from the context that the "flip side" (Line 4, Para. 2) refers to ______.

[A] the disadvantages of being married

[B] the emotional problems arising from marriage

[C] the responsibility of taking care of one's family

[D] the consequence of a broken marriage

65. What does the author say about social networks?

[A] They have effects similar to those of a marriage.

[B] They help develop people's community spirit.

[C] They provide timely support for those in need.

[D] They help relieve people of their life's burdens.

66. What can be inferred from the last paragraph?

[A] It's important that we develop a social network when young.

[B] To stay healthy, one should have a proper social network.

[C] Getting a divorce means risking a reduced life span.

[D] We should share our social networks with each other.

Part V Cloze (15 minutes)

Over half the world's people now live in cities. The latest "Global Report on Human Settlements" says a significant change took place last year. The report __67__ this week from U. N. Habitat, a United Nations agency.

A century ago, __68__ than five percent of all people lived in cities. __69__ the middle of this century it could be seventy percent, or __70__ six and a half billion people.

Already three-fourths of people in __71__ countries live in cities. Now most urban population __72__ is in the developing world.

Urbanization can __73__ to social and economic progress, but also put __74__ on cities to provide housing and __75__. The new report says almost two hundred thousand people move __76__ cities and towns each day. It says worsening inequalities, __77__ by social divisions and differences in __78__, could result in violence and crime __79__ cities plan better.

Another issue is urban sprawl (无序扩展的城区). This is where cities __80__ quickly into rural areas, sometimes __81__ a much faster rate than urban population growth.

Sprawl is __82__ in the United States. Americans move a lot. In a recent study, Art Hall at the University of Kansas found that people are moving away from the __83__ cities to smaller ones. He sees a __84__ toward "de-urbanization" across the nation.

__85__ urban economies still provide many __86__ that rural areas do not.

67. [A] came on [B] came off [C] came over [D] came out
68. [A] more [B] other [C] less [D] rather
69. [A] By [B] Through [C] Along [D] To
70. [A] really [B] barely [C] ever [D] almost
71. [A] flourishing [B] developed [C] thriving [D] fertile
72. [A] extension [B] addition [C] raise [D] growth
73. [A] keep [B] turn [C] lead [D] refer
74. [A] pressure [B] load [C] restraint [D] weight
75. [A] surroundings [B] communities [C] concerns [D] services
76. [A] onto [B] into [C] around [D] upon
77. [A] pulled [B] driven [C] drawn [D] pressed
78. [A] situation [B] wealth [C] treasure [D] category
79. [A] when [B] if [C] unless [D] whereas
80. [A] expand [B] split [C] invade [D] enlarge
81. [A] in [B] beyond [C] with [D] at
82. [A] common [B] convention [C] ordinary [D] frequent
83. [A] essential [B] prior [C] primitive [D] major
84. [A] trend [B] style [C] direction [D] path
85. [A] Then [B] But [C] For [D] While
86. [A] abilities [B] qualities [C] possibilities [D] realities

Part Ⅵ Translation (5 minutes)

Directions: Complete the sentences by translating into English the Chinese given in brackets. Please write your translation on Answer Sheet 2.

注意：此部分试题请在答题卡 2 上作答，只需写出译文部分。

87. ________________ (为了确保他参加会议), I called him up in advance.

88. The magnificent museum ________________ (据说建成于) about a hundred years ago.

89. There would be no life on earth ________________ (没有地球独特的环境).

90. ____________（给游客印象最深的）was the friendliness and warmth of the local people.

91. They requested that ____________（我借的书还回图书馆）by next Friday.

5.4.1.2 基于微课的翻转课堂教学实验口语后测题目

Topics

1. Genetically modified food should be banned.
2. Cultural treasures should be returned to their country of origin.
3. Boarding schools are beneficial to children.
4. The benefits of tourism outweigh the costs.
5. Unregulated distribution of copyrighted works over the Internet should be banned.
6. The present international ban on trading elephant ivory should be lifted.
7. The state retirement age should be raised.
8. The Internet makes people more distant from each other than closer.
9. In modern society, capabilities are more important than college diplomas.
10. Mankind should invest in the exploration of space.
11. Nowadays people know the price of everything and the value of nothing.
12. I have not failed. I've just found 10,000 ways that won't work.
13. Courage is the thing. All goes if courage goes.
14. The proper function of man is to live, but not to exist.
15. There are two tragedies in life. One is not to get your heart's desire. The other is to get it.
16. People have one thing in common: They are different.
17. Technology is a queer thing, it brings you great gifts with one hand, and it stabs you in the back with the other.
18. Money is a good servant but a bad master.
19. One man's meat is another man's poison.
20. Beauty and folly are often companies.

注：实验组同学在测试中将通过现场抽签从以上题目中选定一个作为演讲题目，上场前20分钟按学号顺序抽取演讲题目并作赛前准备，演讲时间为3分钟。

5.4.1.3 口语练习话题参考和范例

——定题演讲，小组讨论、角色扮演

人物

Describe a classmate of yours.

Describe a good friend.

Describe a happy person.

Describe a colleague.

Describe a neighbor.

Describe your own personality.

Describe a family member.

Describe a child you know.

Describe an old person.

Describe an old person who has influenced you the most.

Describe a successful person.

Describe a singer.

Describe a sportsman.

Describe a movie star.

Describe a character in TV or movie.

Describe a teacher of yours.

Describe a famous person that you want to spend a day with.

地点

Describe a building at schools.

Describe a historical place.

Describe a monument.

Describe an interesting building.

Describe a lake, river or sea.

Describe a peaceful place.

Describe a leisure place.

Describe a park.

Describe a place of interest.

Describe a natural beauty.

Describe a city you want to live in.

Describe a place you have visited.

Describe a place you always go for shopping.

Describe a restaurant you often go to.

Describe a club or pub.

Describe an exhibition.

Describe a hotel.

Describe your ideal house.

Describe your favorite room in your house.

Describe your accommodation.

Describe a quiet place.

物品

Describe your favorite book.

Describe a book you want to write.

Describe a newspaper or magazine：autobiography.

Describe a photo.

Describe a gift.

Describe something important to you.

Describe a painting.

Describe a piece of clothes or jewelry.

Describe something expensive that you want to buy.

Describe a handicraft.

Describe a piece of art work：Hunan Embroidery.

Describe a piece of traditional clothes.

Describe a pet.

Describe a wild animal.

Describe a letter.

Describe a toy.

Describe a dish that you like.

Describe a website you often go to.

Describe a way of transportation.

Describe a way of communication.

经历

Describe a happy event.

Describe a family event.

Describe a piece of good family news.

Describe a success in your life.

Describe an important decision in your life.

Describe a positive change in your life.

Describe a special meal.

Describe a party.

Describe a birthday celebration.

Describe a wedding.

Describe an exciting trip.

Describe a visit.

Describe an exciting experience.

Describe a cultural event.

Describe an economic event：donation/charity.

Describe a festival.

Describe a 3-day holiday.

Describe a short course.

Describe a school trip.

Describe an achievement.

Describe a bad weather.

Describe a difficult thing.

Describe a project you finished with others.

Describe skill that you want to learn.

喜好

Describe your favorite advertisement.

Describe your favorite movie.

Describe your favorite music.

Describe your favorite TV program.

Describe a story you know.

Describe your favorite relaxation method.

Describe your ideal job.

Describe a business you want to start.

Describe an advantage in your character.

Describe your favorite period of time in a day.

Topic 100

1. People often say we are now living in a small world. What's your opinion?

2. What's your advice to classmates and friends who spend too much time surfing the net?

3. Do you think it a good habit to stay up late before an examination?

4. What are the advantages and disadvantages of living in the city?

5. Do you think public transportation in your city is convenient?

6. Do you think technology makes our life easier and more enjoyable? Why do you think so?

7. Do you think most students make good use of their summer/winter vacation?

Why do you think so?

8. Why volunteers are important to the success of the Olympics?

9. Do advertisements play a positive or negative role in our society?

10. Who influence you the most?

11. Which subject did you most/least like to study and why?

12. How do you think Changsha will develop in the future?

13. Describe Chinese New Year as it is celebrated in you family.

14. What are your greatest difficulties in learning English? How do you try to deal with them?

15. Do young people usually see things the same as the elderly? Give an example.

16. Do you think Chinese will become more important? Why?

17. What are the advantages/disadvantages of being the only child in a family?

18. What will life be like in the future?

19. How do older people think of younger people's habits?

20. What are the advantages and disadvantages of watching TV?

21. What is your opinion on studying abroad?

22. Do you think athletes deserve high salaries? Are athletes getting paid too much? Why?

23. Why do many countries apply to host Olympic Games?

24. Is there any pollution in your hometown? How can solve it if there is?

25. What effects do you think global warming will bring us?

26. What are the advantages/disadvantages of e-mail?

27. Is it important to learn a foreign language and why?

28. What did you like to do most when you were a child?

29. Which place in China do you like best and why?

30. Do you have any experience in traveling? Did any interesting stories happen on your journey?

31. Should teachers and parents use punishment in child education?

32. Can computers replace teachers in our school education?

33. Is it good for teenagers to study abroad?

34. What is your opinion on puppy love?

35. What can we benefit most in 2008 Olympic Games?

36. Are pets good for us? And why?

37. Is it good for students to have part-time jobs?

38. Should smoking be prohibited in public?

39. Do you have a generation gap between your parents? Is it possible to bridge this gap?

40. What's your attitude towards nature?

41. My dream

42. Protect animal

43. Teacher-student relationship

44. My ideal career

45. My favorite festival

46. On fast food

47. A welcoming speech for foreign guests at your school

48. What do young people need most today?

49. My responsibilities as a university student

50. Which is more important, theory or practice?

51. Does tourism do good to your country?

52. Best ways to learn english

53. On making friends

54. An example of culture

55. What is life?

56. Live to work or work to live

57. Me of ten years later

58. Whether or not the older people should live with their adult children?

59. Should university campus be open to tourism?

60. Internet in China

61. Traveling by train or by plane

62. Economic development and environmental protection

63. The accommodations industry

64. The pleasure of reading

65. Anti-pollution needs your efforts

66. Value of knowledge

67. Can money buy happiness?

68. Opportunity and success

69. Sometimes it is better not to tell the truth.

70. How to control the depression on campus?

71. Whether private cars should be encouraged or not?

72. My view on ... festival at college

73. The definition of success
74. The advantages and disadvantages of private tutoring
75. Reduce waste on campus
76. Results of building university towns
77. My opinions on campus discipline
78. Reading selectively or extensively?
79. Which one is more important—cooperation or competition?
80. Prefer travel alone or in group?
81. Work for a small or large company?
82. Knowledge, based on experience or books
83. Parents or teachers as best educator
84. Anything the yong can teach the old?
85. Harmony of society and harmony of campus.
86. What can I contribute to the 2008 Olympic Game?
87. Challenges faced by Chinese college students.
88. No pains, no gains.
89. Honesty is the best policy.
90. The importance of knowing oneself.
91. Dreams can come true.
92. How to maintain class unity?
93. What's the purpose of education?
94. How to get along with students of different backgrounds?
95. How to cope with frustrations in study and life?
96. Should we be grateful? If so, who would you be most grateful?
97. The person I admire most
98. If you were a teacher, what kind of teacher would you like to become?
99. Appearance and personal development
100. Do you think "being frugal" is still to be advocated?

Impromptu Speech 176

1. Economic achievements and current challenges in China
2. My definition of success
3. My contribution to a harmonious campus
4. Loyalty
5. Value every minute
6. The power of a smile

7. The introduction of western culture
8. Hope
9. Practice makes perfect.
10. Parents are the first teachers.
11. Global warming
12. The impact of economic development
13. The importance of knowing oneself
14. The person who has influenced my life
15. The importance of innovation
16. Advertisement
17. Is it good to start language learning at an early age?
18. How to prepare for a job interview?
19. Smile
20. Money is the root of all evils.
21. The mental health of college students
22. Recycling
23. Education background or capability, which is more important?
24. Blogs
25. Smoking should be banned.
26. Being punctual
27. Responsibilities of college students
28. Experience is the best teacher.
29. Ambition
30. Honesty
31. Impact caused by internet
32. Challenge
33. TV pop show
34. Learn to walk before you can run
35. Fashion
36. Mobile phones
37. Never give up.
38. How can universities better serve the society?
39. Dream
40. It is better to give than receive.
41. One world, one dream.

42. Which country would you choose to live in?
43. Yao Ming's influence on China's society
44. E-traveling
45. Confidence
46. Should English be an optional course on campus?
47. Plastic surgery
48. What kind of festival would you create if you have the chance?
49. Do it today.
50. Wasting
51. Money and health
52. The fever of learning Chinese
53. Beauty and physical attractiveness
54. Teamwork
55. Pessimism and optimism
56. A school is society in miniature.
57. Self-control
58. Opportunity
59. Horror films
60. Enthusiasm
61. Love and take care of nature.
62. On stress
63. Regain confidence.
64. Responsibility is a badge of honor for youth.
65. Why do we study English?
66. Whether there's an afterlife?
67. Internet civilization
68. Classifying rubbish, improving environment.
69. Tomorrow will be better.
70. Cell phones bring more social interactions or isolation.
71. A fundamental subject or a specific subject with prosperous occupations
72. How to present courage
73. Faith and success
74. Introduction of a city in hunan
75. Cheer up.
76. Nothing is impossible.

77. What moral issue best defines you?
78. What is the biggest effect of the internet?
79. Describe your worst experience.
80. Discuss the most memorable event in your life.
81. Is capitalism the best political and economic system? Defend your choice.
82. Is knowledge more important than wisdom?
83. Is a glass half full or half empty? Explain your choice.
84. Why are humans so fascinated with understanding the universe?
85. Does technology live up to it's promise?
86. The morality of zoos
87. Three keys to a happy life
88. Reality TV shows
89. Beauty
90. You are what you eat.
91. Love is a choice.
92. Professional athletes are overpaid.
93. Dogs are better than cats.
94. How to become a millionaire
95. Importance of communication
96. Bottles versus cans
97. Real or fake christmas trees
98. Peer to peer technology
99. Motorcycle helmets
100. The worst/best book you ever read
101. All time favorite movie
102. Your first memory
103. The best things in life are free.
104. Clothes make the man/woman.
105. Good versus evil
106. Your favorite sound
107. Your least favorite sound
108. Exams not good forms of assessment.
109. Why it's important to meditate?
110. What are you grateful for?
111. Speed dating

112. Internet affairs
113. The greatest gift we can give others is...
114. If I were invisible for a day...
115. What I would do if I knew I could not fail.
116. The most successful person I know
117. Good grades matter.
118. Everyone should be a volunteer.
119. Lessons of failure
120. Keep swimming (sink or float)
121. Value every minute.
122. Why mothers cry?
123. Yesterday, today and tomorrow
124. The smile behind the tear
125. Never, Never Give Up!
126. A mistake I will mever repeat
127. The power of a smile
128. A lesson for life
129. The meaning of life
130. The greatest pain in life
131. The window
132. Nothing to fear
133. Beginning today
134. How to balance study and activities in school
135. Honesty is the best policy.
136. It is necessary to say "no" sometimes.
137. A good beginning is half the battle.
138. It is better to give than receive.
139. Going to college is not the only way to success.
140. A person who has influenced my life
141. My views on blogging
142. Experience is the best teacher.
143. Tourism and the environment
144. How to solve China's transport problems
145. If I were a billionaire
146. My ideal university

147. The role of the internet for college students
148. If I were the head of the environmental protection bureau
149. Challenges and opportunities for college students in today's competitive world
150. An unforgettable experience
151. My entertainment
152. How can I save the earth?
153. My favorite sport
154. How will spend this summer vacation?
155. What are the ways to relieve pressure?
156. As a youth, how can I help the 921 victims?
157. Life is what we make of it.
158. Honesty is the best policy.
159. Being a job hunter
160. If I were the Secretary General of the United Nations, ...
161. Growing up with books.
162. If I have Harry Porter's magic stick, ...
163. Our olympics
164. An unforgettable day
165. Discovering myself
166. How to become a qualified global citizen
167. An example of love that moved me.
168. Smile, an international language
169. I am a Chinese.
170. Tourism
171. If I have no money, how can I help others in need?
172. My hero
173. What do university students need more, individualism or collectivism?
174. My ideal career
175. Volunteer work
176. Teacher, I'd like to tell you...

Group Speech

1. Today we gather together here to have a discussion on one problem.
2. Since no one disagreed, we'll proceed to the next item of business.
3. Hearing no objections, I suggest we continue.
4. Does anyone have further information on this point?

5. Could you explain a bit more in detail?

6. Would you perhaps offer some concrete examples to illustrate that point?

7. How do you feel about his opinion?

8. Come on, let's get down to business.

9. To summarize the results of our discussion, we find that we have two positions, A and B.

10. Let's go back to the main theme.

11. I may be missing something, but I do not see the relevance of this discussion to our problem. Can we return to the point?

12. This has been an interesting discussion, but I am not quite clear on where it leaves us.

13. Because of the shortage of time, I will have to skip over the next two points and concentrate on the last point.

14. According to the rules of this meeting the question will be put to a vote.

15. Our time is up. So let us cut off our discussion at this point for the time being.

16. It's time for us to vote and get the result.

17. The opinions presented so far may be summarized as follows...

More Topics

1. Please talk about the importance of time. What's your view on it?

2. Green food is now becoming more and more popular. Do you know why? And can you say something about the changes in people's diet nowadays?

3. Your best friend's sister is going to marry an American, and you two talk about the marriage across nations.

4. Finding a job, further study or going abroad, which will you choose and how do you prepare to achieve the goal?

5. You find your best friend is smoking, and you want to stop him/her, so you talk with him/her about the harm of smoking and try to persuade him/her to quit smoking.

6. "The thinner, the better?" You are free to exchange your views on beauty.

7. How would you like to get rid of your stress in daily life? Please share your experiences with your partner.

8. Live to work or live to enjoy? You are required to present your opinions to your partner.

9. How do you understand "Green Olympics", what do you think is our duty to achieve this goal?

10. Campus marriage: good or bad?

11. Do you think surfing on the Internet can help you? And how?

12. Do you believe in love at first sight? What's your definition of "true love"?

13. What can you do to resist temptation (诱惑) when shopping? (Your partner is crazy about each hot item on sale, while you are rather sensible and are ready to give some advice.)

14. Do you have a mobile phone? If you do, do you think it's good or bad? If you don't, would you like to buy one? Why?

15. Do you like developing friendship or love with a key pal (网友)? Why or why not?

16. Is it better for a woman to find a good husband than to find a good job? You two are on opposite sides and are supposed to give your own opinions.

17. If you got 5,000,000 Yuan by winning lottery ticket, what will you do? Share your opinion with your partner.

18. "Laughter is the best medicine." You two can discuss it freely.

19. Do you think there is a friendship between parents and children? How can you improve it?

20. Do you often judge people by appearances? How do you think about it?

21. My view on the value of life

22. There still exists sexual discrimination against the female in job market in China. What's your opinion on it?

23. Do you think honesty is going out of style? Why or why not?

24. Are you afraid of making mistakes? What helps you overcome them? Can you give an example?

25. Have you ever cheated on exams or thought of cheating on exams? What are the reasons?

26. What is intelligence? Does a high score in an intelligence test mean one is intelligent?

27. What kind of feeling do you have when you are praised? How do you feel when you are blamed?

28. If a foreigner comes to visit our university, how do you make a brief introduction of our campus to him or her?

29. Your friends ask you to go to see a film this evening. You don't want to go as you have a lot of homework to do. What do you say to them?

30. What is your idea of a qualified teacher?

31. What are the essential qualities to success?

32. Do you think what is your most difficult part when you learn English?

33. Can you describe the importance of self-confidence? Can you give some examples or tell your own experience about it?

34. What do you think a young person can learn from an old man?

35. Do you think who are more important, old friends or new friends? What's the most important among friends?

36. Do you have any idea of the greenhouse effect?

37. What's your feeling about the earthquake in Wenchuang?

38. When an earthquake comes, what should we do to protect ourselves?

39. Discuss a person you respect or admire. And why?

40. What can we do to build up a healthy environment?

41. My view on opportunity and challenge

42. Discuss the difference between college life and middle school life.

43. Do you want to find a job you are interested in or a well-paid one? You're free to talk about your future jobs.

44. What kind of TV programs do you like best? You are required to make a conversation about one of your favorite TV programs you have watched recently?

45. How do you define "happiness"?

46. Have you ever taken part in a certain elective course? How is it going on? Why did you choose it? Do you benefit a lot from it?

47. What kind of physical challenges do you enjoy best? Describe the excitement of that activity. And how about mental challenges? (Reference words: mountaineering, skating, car racing, chess games, marketing, etc.)

48. What's your own way of spending two-day weekend? Anything special? You are welcome to name some advisable choices for our weekend.

49. What is your favorite holiday? (Reference: Spring Festival, Moon's Day, Thanksgiving Day, Easter, Christmas, etc.)

50. Do you love traveling? What places of interest have you ever been to? Please share your traveling experiences with your partner and tell him or her what you learn from it?

51. Teacher/Famousneighbor/Old person/My Friend/a Person who You Care

I will describe a teacher who taught me when I was in the primary school. He was very friendly and kind-hearted person. No matter what trouble you were in he would always give you his hand. He was very patient with his students. I remember one thing very clearly. Once I made a big mistake. I thought he would be very angry with me. But to my surprise, he gave me a gentle persuasion and encouraged me with his smile. He was very famous for his teaching in the education scope and awarded many times because of his excellent performance. You know childhood is quite important for the growth of a child. The influence he imposed on me will keep me company through my whole life.

52. Child

I will talk about the things about my brother. He was five years old. Although he is very little, he gives everyone around him a mixed feeling. He is a trouble-maker and always play tricks with others. I remember he put an artificial snake on his father's bed and gave him a big jump. Besides this, he is very cute and kind-hearted. Once he brought back a lost dog that hurt in its leg. After his considerate care, the dog recovered very soon. At that moment, he acted as a man as if he had taken some sense of responsibility. He often reminds me of my beautiful memory about the childhood which is a little far away. I hope my brother can maintain his nature and enjoy his time. After all, childhood is the most memorable period during the whole life.

53. An activity in english class

When I was in senior high school my teacher assigned a task that we would prepare for a small drama in English in groups which consisted of five people each. We would translate lines and rehearse on our own. You know, studying English is a boring thing to some degree. You must have a strong interest in it if you want to have a good grasp of it. That activity made me do it. And during the preparation, we not only improved our English very rapidly, but also learnt how to get along well and co-operate with others. Every group did not want to lag behind, so every member in one group tried their best and was very careful with his part. You can guess, in the end the activity achieved great success. It became an unforgettable memory during my tense and monotonous life of senior high school.

54. Advantages of studying english

I think there are many benefits if you have a good grasp of English. First, with the advent of globalization, we communicate and trade more and more with the people from other countries. You have to admit that English is the most preferred language in the world. If you speak English fluently, language barrier will be removed. You will be in a more favorable position in the future. Second, if you want to keep pace with the latest information, you must study English well. They are all written in English. Third, one language represents one culture, it will decide the way how you are looking at the world. Studying English will make you open-minded and have a diverse outlook of the world.

55. When to start to study English for children

I think children should study English as early as possible. Children have an innate ability to have a good grasp of one language; this ability will disappear step by step as he grows up. Some people say it will influence the learning of his mother tongue, I think it is no need to worry about. After all he lives in an environment of speaking his native language.

56. English is useful if you work in a Chinese company.

It depends on. With the advent of globalization, we trade more and more with other companies abroad. Many Chinese companies also have international business or have the strong wish to do it in the near future. If the case is like this, English will play a very important role. But if the company where you work only focuses on domestic trade, English is seemingly useless. But grasping another more skill is not definitely a bad thing I think.

57. Second foreign language

I want to choose French. France is a country I like very much. And their romance, enthusiasm, tasty food and long history interest me deeply. If I can speak French well, I will have no difficulty when travel in France one day in future. Language barrier is the biggest problem if you want to have a clearer picture about one country.

58. Shopping

I like shopping in the supermarket. Because there are a wide variety of goods on the shelf. The beautiful goods themselves are beautiful scenery for me. Even if I buy nothing. It is also a good time traveling around the shelves. In addition, the price of the goods there is reasonable. For a student, buying something in the supermarket is very economical. I go to the supermarket once a week generally.

59. Starting a Business

I want to open a small shop selling the discs about the films and music, because they are my favorite. Films can let me experience different life and music can give me a light mood and a refreshing spirit. And the combination of my work and interest is the ideal way for me to spend my life. Maybe you think my ambition is too small. But I like it, I think that is enough. I think my shop should be located in one neighborhood where many young white collars live. Their living tempo is fast and working pressure is great. They also like to buy or rent some discs to enjoy after a long day's work. In addition, the rent of this kind of house should be reasonable, because it does not belong to the downtown.

You know, most of the people don't have a great sum of money. They can't afford to set up a big business. And small business does not occupy too much money and more importantly, it is flexible. If the consumption trend changes, it is easy for people to give up one and engage in another.

Small businesses in China are developing very fast. I think they will have a very bright future. You know China is a developing country and has a vast market potential. If you set up a small business here, you don't need to worry about the sales unless you are poor at the management. However, the biggest problem for small business, I think, is the funding shortage. As long as you want to develop, you have to face this difficulty. Banks are unwilling to lend money to small businesses. And they also demand enough mortgages. The cost of borrowing money from other channels is relatively much higher. Maybe, vicious competition is another problem they will face.

I think the business about women and children has a bright future. In China, women normally take the charge of finance in their family and parents spend their money on children without any hesitation, even if the spending goes beyond their financial ability. And women are unreasonable consumers. As long as they like, they will buy at once, no matter if the thing is practical or not.

I think besides a sharp eye for fashionable trend and a good ability of management, how to communicate with others is also very important. During your business, you should get along with local officials, customers and people from all walks of life. Doing business means handling all kinds of social relationship. They are both important, knowledge will lay a solid foundation for you to grasp practical experience. It can help you absorb the essence of predecessors and give you theoretical guidance. But without practical experience you are only a bookworm. There is always something you can not learn from books.

I think no matter which country you are in, grasping some skill is very important. With the increasing pace of the society and technology, young people have to upgrade their knowledge and go for future study, or they will fall behind the times. I think in future computer and financial skill will play a more and more important role. We live in a computer-literate world. Without it, we find doing something is next to being impossible. And with the increasing wealth people possess, how to manage your money well and how to utilize it to earn more is a basic skill for people to master. We often learn some academic knowledge and practical skill from the school and some social skills and an ability to distinguish right from wrong from parents. The job needs expertise and some know how will gets relatively higher salary and the job had better be closely bound up with people's daily life, such as doctors, lawyer and teachers and so on.

60. A story heard in your childhood

I read a folk tale about the fisherman and his wife. One day the fisherman saved a fish's life. The fish promised him it could realize any wish he wanted. His wife was a very greedy woman at first she just wanted a hut, then a big house, then a palace, and she wanted to be the king, the gods, even wanted the sun and the moon rose at the same time. You can imagine the ending of the story, she returned to her original place at last. This story impressed me very deeply. The greed of the humans is limitless, how to control your desire well is the thing we must understand. My father told me this story when I was very young.

I think most of the parents will tell some stories to their children. This practice is worthwhile. Children are immature and innocent. Through stories, they can learn some sense and have an ability of distinguishing right from wrong. The stories lead them on the right track and shape them into responsible citizen in the future. In my childhood, the roles of Tom and Jerry are most popular. They not only bring some laughter, but also something deeper behind the stories.

61. Films

Films have a far-reaching impact on social development. Some films reflect social important changes and revolutions. Some films predict future direction and potential threats and disasters. Some films offer people a light mood and refreshing spirit. Some films teach people some senses which often throw them into deep thinking.

For young children, because they are immature and naive, they have no enough ability to distinguish right from wrong. Their parents should take the responsibility for selecting suitable programs for them. You know some programs are full of violence, sex and bloody scenes. These are very harmful to their moral.

Every child loves animals. They are lovely and cute. They make children laugh loudly and freely. Sometimes, children can see themselves from the animals. I think children like funny and interesting stories. If the story is about the animals, that's better.

62. The experience of being late

Last semester, I had an experience of being late for class. Before I slept every night, I would set my alarm clock to wake me up the next morning. But that time my alarm clock had something wrong. And it was a coincidence that it was a gloomy day in that morning. When I woke up, I thought it was earlier. So I went on with my sleep. You can imagine in the end I missed half of the class. When my teacher heard my explanation, he said nothing except a sentence: Remember seeing is not always believing. At that moment, he looked like a philosopher, this experience and my teacher's words make me know something beyond my age.

I think if people want to give some excuses for his being late, they will choose the reasons below. First, he gets some illness and feels a little uncomfortable. Second, the same thing happens to his family member and he has to spare some time to take care of him or her. Third, he has a very important thing to do or something which happens on the way to the school or company delays him. Something like that.

I don't like being late. I think in future punctuality will hold a very important position in people's dating. You know the world is developing very fast. As an old saying goes "time is money", if you always come late, you will waste other's time. It means disrespect to others. Please try to be punctual each time. If you have some emergency, please call in advance. That's better.

Role Plays

(1) Topic Area:

Information Technology Topic: Surfing the Net

Questions: (Warm-up questions)

It is easy for you to access the Internet? (If yes, how often? If not, why not?)

People often say we are now living in a small world. What's your opinion?

What do you think is the most convenient means of communication? (Please give your reasons.)

Mobile phones are popular with teenagers. Do you think it's a good thing? (Why or why not?)

More and more people are using mobile phones. What do you think about that?

How do you usually communicate with your family and friends?

Discussion:

Whether student access to certain Internet sites should be controlled.

Please talk about surfing the Net with respect to the advantages and disadvantages listed on your card:

C1: Useful Information / Harmful Information

C2: Communication via the Internet / Junk E-mail, Computer Viruses, etc.

C3: E-learning / Overindulging in Computer Games

C4: E-shopping / Computer Crimes

Last questions:

What's your advice to classmates and friends who spend too much time surfing the Net?

It's said that students who major in information technology are likely to get a good job. What's your opinion?

Do you think E-learning is an efficient way of learning? (Why or why not?)

What websites do you often visit? (Why?)

What do you think is the future of E-business?

(2) Topic Area:

University Life Topic: Coping with Stress

Questions: (Warm-up questions)

What do you think of campus life?

How's the food in your school dining hall?

How often do you have tests? What if you don't do well on the tests?

How do you usually spend your weekends?

What would you do if you feel lonely on campus?

Discussion:

How to cope with the stress students may experience while studying at school

Please talk about the kind of pressure college students may experience as specified on your card:

C1: Academic Pressure.

C2: Financial Pressure.

C3: Job-hunting Pressure.

C4: Emotional Pressure.

Last questions:

Why is it important for college students to learn to cope with stress?

Do you think it is a good habit to stay up late before an examination? (Why or why not?)

Do you think pressure is always a bad thing? (Why or why not?)

Do you think school authorities are paying enough attention to students' psychological health? (Please explain.)

Do you think psychological counseling can help students relieve their stress? (Why or why not?)

(3) Topic Area:

Elderly People Topic: Life After Retirement

Questions: (Warm-up questions)

Can you say something about your grandparents?

What do you think elderly people need most? (Please give your reasons.)

Some people find a new job after they retire. What do you think about that?

What kind of jobs do you think are available for elderly people? Why?

What can elderly people do to stay healthy?

What should we do to show our concern for elderly people?

Discussion:

Whether early retirement should be encouraged in China?

Please describe people's life after retirement as shown in your pictures and comment on them.

C1: Traveling.

C2: Learning Something New.

C3: Taking Care of Grandchildren.

C4: Having a Good Time.

Last questions:

Why do some people prefer late retirement to early retirement?

Do you think elderly people would like to live in homes for the elderly? (Please explain.)

Do you think jogging is good exercise for elderly people? (Please explain.)

What can people do for their community after they retire?

Do elderly people like living with their children or grandchildren? (Why or why not?)

(4) Topic area:

Modern Cities Topic: Improvement of Housing

Questions: (Warm-up questions)

How do you like city life? Which aspect of city life do you find most enjoyable?

What are the advantages of living in the city?

What are the disadvantages of living in the city?

What do you think of people's living conditions in your hometown?

What are the major industries in your hometown?

Why do some people prefer to live in the countryside?

What do you think is special about your hometown?

Discussion:

What impact these changes have on people's life?

Pictures of improvement and changes in housing. Talk about the improvement of housing with regard to... as shown in the pictures on your card.

(Before China carried out reforms and started opening up.)

(After China carried out reforms and started opening up.)

C1：Living Space 高低床，餐桌，锅碗瓢盆等挤在一间小屋子 vs 宽敞客厅，复式楼

C2：Furniture and Facilities 高低床，简陋餐桌，煤炉，锅碗瓢盆等挤在一间小屋子 vs 沙发，冰箱，电视，HI FI，柜式空调

C3：the Surroundings and Public Services 满街挂满晾晒衣服，早餐摊点，垃圾堆，拥挤的弄堂，公厕，当街洗衣 vs 干净整洁的生活小区，健身区，喷泉，停车库

C4：the Variety of Architecture 平房，职工大院，街道狭窄，低于 6 层的楼房 vs 高楼，别墅，喷泉，宽敞的生活小区

Last questions：

Are you satisfied with the living conditions in your dormitory? Why or why not?

Why shouldn't students be encouraged to live off campus?

Do you think public transportation in this city is convenient? (Please give your reasons.)

Do you think technology make our life easier and more enjoyable? Why do you think so?

Can you say something about the changes in home ownership over the years.

(5) Topic area：University Life

Topic：Planning for the Summer Vacation

Questions：(Warm-up Questions)

Do you find your life on campus enjoyable? (Please explain.)

How do you spend the last winter vacation?

How do you usually spend your weekends?

What optional courses do you take? (Why do you choose them?)

Did it take you long to get adapted to campus life? (Please explain.)

Discussion：

In what way summer vacations benefit students?

Cards：Suppose you are going to spend your summer vacation ... Say something about your plans.

C1：Traveling

C2：Taking a Summer Job

C3：Taking Summer Courses

C4：Working as a Volunteer

Last Questions：

Is it advisable for students to travel to remote areas during the summer vacation? (Why or why not?)

What are the possible risks involved in traveling?

Have you ever thought of doing something for your family during the summer vacation? (Please elaborate.)

Do you think most students make good use of their summer vacation? (Why do you think so?)

What precautions should college students take while traveling during the summer vacation?

为了对实验组和对照组进行英语应用水平的测评，分别对其进行了口语测试，口语测试方式及评分说明见表5-5。

表5-5 口语测试评分记录

班级：

评分教师：

考号	评判标准 / 姓名	Pronunciation & Intonation 语音语调（20分）	Grammar 语法（20分）	Vocabulary 词汇（20分）	Discourse Management 语篇（20分）	Question Answer 问题（20分）	Total Score 总分
1							
2							
3							
4							
5							
6							

测试形式：测试形式为3分钟即兴主题演讲。

测试题目：涉及所学教材中的6个主题，应试者在测试前15分钟抽取演讲题目。

评分方式：口试为4名教师同时打分，取平均分，分数保留一位小数。

评分标准：语音语调、语言的准确性、语言生动性、语言的连贯性、回答问题的语言表达五方面，综合评价学生的语言水平。

（1）语音语调 Pronunciation & Intonation。（20分）

17~20分：语音语调准确，能准确运用韵律特征。

13~16分：语音语调准确，能恰当运用韵律特征，但有时有少许不准确现象。

9~12分：语音语调较正确，话语易懂，有些许不当之处。

5~8分：语音语调基本正确，话语不难理解，但母语口音明显。

1~4分：发音不正确导致话语难以理解，甚至影响意思表达。

（2）语法 Grammar。（20分）

17~20分：语法准确，几乎没有错误。

13~16分：语法大多准确，有少许错误。

9~12分：语法较准确，有一些错误。

5~8分：语法基本准确，错误较多，有时词汇运用不恰当。

1~4分：语法大多不准确，词汇贫乏且运用不当。

（3）词汇 Vocabulary。（20分）

17~20分：词汇运用丰富且准确，熟练运用大量英语。

13~16分：词汇运用丰富，能够运用一些英语。

9~12分：词汇运用较恰当，能够运用少量英语。

5~8分：有时词汇运用不恰当，基本无法运用英语。

1~4分：词汇贫乏且运用不当，不能运用英语。

（4）语篇 Discourse Management。（20分）

17~20分：表达连贯流畅，积极交谈，逻辑性强。

13~16分：表达连贯，极少停顿，能和对方积极交谈，话语逻辑性强。

9~12分：表达较连贯，有少许停顿，话语逻辑性较好。

5~8分：表达较缺乏连贯性，停顿较多，勉强维持交谈，话语逻辑性较差。

1~4分：表达没有连贯性，话语极少，几乎无法进行交谈。

（5）问题 Question Answer。（20分）

17~20分：对话流畅，措辞准确丰富、表达生动、逻辑性强、表现自信，时间约4分钟。

13~16分：对话流畅，措辞准确，逻辑性较强，表现自信，时间约3分钟。

9~12分：对话较流畅，基本表达观点，时间约2分钟。

5~8分：对话欠流畅，难以表达观点，时间约1~2分钟。

1~4分：几乎无法进行对话，明显不能表达思想。

5.4.2 实验组与对照组口语测评结果对比和分析

首先历时地纵向将实验班及对照班自身的前测后测成绩进行对比，然后再共时性地横向比较实验班和对照班的口语后测的成绩。实验组与对照组在英语口语测试中的成绩对比见表5-6。

表5-6 实验班、对照班学生前测后测的分数对照

信息 / 考号	学生姓名		前测笔试分数		前测口试分数		后测口试分数	
	实验班	对照班	实验班	对照班	实验班	对照班	实验班	对照班
1								
2								
3								

续表 5-6

考号＼信息	学生姓名		前测笔试分数		前测口试分数		后测口试分数	
	实验班	对照班	实验班	对照班	实验班	对照班	实验班	对照班
4								
5								
6								

利用 SPSS 数据统计软件对实验班和对照班的前测笔试成绩的基本情况进行分析，结果显示两班前测和后测成绩均值、标准差基本相同（详见表 5-7、表 5-8 和表 5-9），说明实验班与对照班成绩的两组数据变化趋势、分布走向相似（详见图 5-1），两组成绩无明显差异，属于同质班级。

表 5-7 实验班前测与后测口语成绩统计结果

信息	实验班前测与后测口语成绩统计结果			
	人数	均值	标准差	均值的标准误
前测	53	77.51	7.767	1.067
后测	53	82.34	7.616	1.046

表 5-8 对照班前测与后测口语成绩统计结果

信息	对照班前测与后测口语成绩统计结果			
	人数	均值	标准差	均值的标准误
前测	58	79.38	7.709	1.067
后测	58	80.43	7.932	1.046

表 5-9 实验班与对照班后测口语成绩统计结果

信息	实验班与对照班后测口语成绩统计结果			
	人数	均值	标准差	均值的标准误
实验班	53	82.34	7.709	1.067
对照班	58	80.43	7.932	1.046

口语测试检验结果分析：从前测后测口语测试的分数的对比可以看出经过一个学期的大学英语学习，实验班和对照班的口语平均成绩都得到了一定程度的提高，实验组提高了 4.83 分，对照组提高了 1.05 分。

由此可见，相比之下经过一个学期的基于微课的翻转课堂教学改革，实验组口语平均成绩提高幅度更大，说明实验组的口语表达能力有显著性的提高，即使对照组的前测口语平均成绩甚至比实验组还高 1.87 分。此数据证明了基于微课

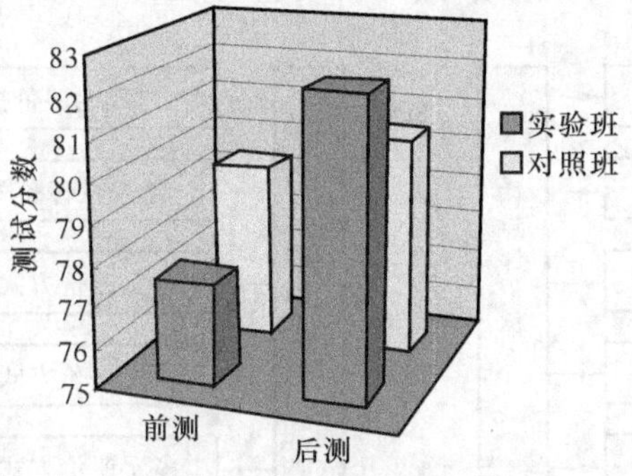

图 5-1　实验班对照班学生前测后测的分数对比

的翻转课堂教学模式比传统的教学更有效地提高了学生对英语语言知识及应用的认知，更有效地加强了学生口语的应用能力。

5.5　评价方式效果分析

单一的终结性的评价方式，不利于全面考察学生的学习效果和提升学习动力。翻转课堂涉及学生合作能力、组织能力、个人时间管理能力、表达能力等的评价，而纸质笔试的相对单一和终结性的传统测试方式侧重于教学成果的评价，忽视学习过程评价，无法测试出学生在翻转课堂中全部的学习效果。因此，有效实施翻转课堂教学模式需要制定新的教学评价机制，建立实时高效现代化的教学管理网络平台，采用形成性评价和终结性评价、纸质评价和视听说评价相结合的方式。

在英语翻转课堂及网络交互平台上，形成性评价主要考查学生的作业完成情况，通过信息技术及时给出课前提问或课后练习的答案，并通过英语听、说、读、写训练考查学生对新知识点的掌握程度，同时通过教师的课堂内外观察和小组成员线上线下反馈考查学生合作解决问题的能力等。终结性评价主要考查学生经过一个学期的学习后对所学知识和技能的掌握程度，通过笔试考查学生的英语读、写和理解能力，通过口试考查学生的英语听、说。对照组按照传统教学模式授课，以教师的知识讲授为主，课程评价采取传统的以终结性评价为主，出勤、作业、课堂表现为辅的评价方式；实验组采用融入合作学习的翻转课堂模式授课，评价方式采取本课题提出的多元化的形成性评价标准和方式。按照图 5-2 的思路和做法，先通过学习通发布意见征询，收集教学氛围、学习兴趣、学习行为、学习结果和学习满意度等数据，然后利用学习通自带的数据统计功能对不同班级的数据进行差异性分析，并进行了后测。课题组成员对授课对象——2020 级计算机 1、2 班的 65 名学生进行问卷调查，发放问卷 65 份，回收 65 份，其中有效问卷 64 份，有效率 98.5%。验证了大学英语翻转课堂多元形成性评价有效性，最后完善评价体系子目录、测评和问卷（表 5-1）。

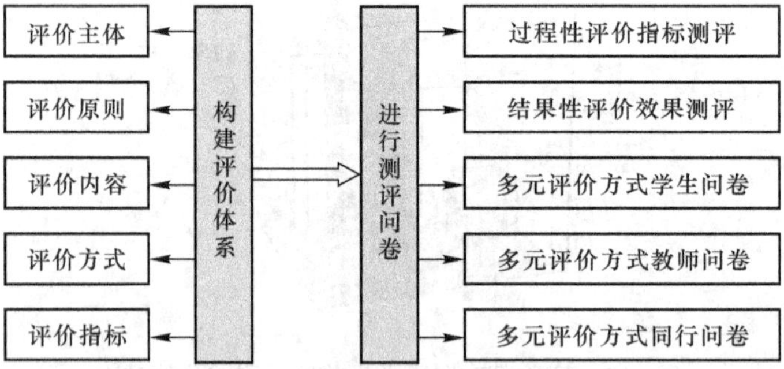

图 5-2 多元化过程性评价体系和测评问卷

总之，从多元和形成性的视角出发，依托国家高等教育信息化的战略，基于“慕课”、超星“学习通”、钉钉等互联网平台有力的资源和技术支持；从“评教”和“评学”两方面着手，包含过程性评价和终结性语言测试评价两个组成部分，包含能力测试、语言测试和动态行为测评等多方面的评价体系，深挖教学过程，建立大学英语翻转课堂教程教学形成性评价体系，以期获得更客观、更全面的评价结果，最终达到学生学习能力增强，教师教学成效显著的目的。同时在调查和访谈中还发现了很多问题，得到了很多的启示，具体内容将在第六章中详细阐述。

6　经验总结

在实施初始大学英语课程翻转课堂学科案例教学过程和教学效果分析发现，翻转课堂虽然比传统教学方式能更有效地提升学生对知识与技能的习得水平，特别是组织的课堂内讨论和课堂探究活动，能有效激发兴趣、培养跨文化思维与技能、激起讨论和学生的学习热情、口语表达意愿和水平有明显提高，但是在研究过程中也发现不少值得注意的问题，可从四方面对存在的主要问题和建议进行阐述。

6.1　学生心理

翻转课堂教学模式是对传统教学的彻底颠覆，将知识传授和内化进行颠倒安排。与国外学生相比，国内学生通常较为内敛，更习惯于传统授课模式，不善于课堂争论和自主探索。在实施初始阶段，很多学生会不太适应这种新型教学模式，不知道该怎样学习；甚至在学习效果不理想时，还会出现抵触情绪。遇到这种情况教师应及时对学生进行开导和劝慰，帮助他们尽快适应。

同时，虽然大部分学生认为交流互动非常重要，但课前和课后学生之间的交流由于害羞或原有习惯等传统因素和时间的限制，通过面对面或网络手段（如QQ、微信等）进行交流或协作探究的频率较低，与教师的交流则更少。打破原有习惯，克服害羞心理，努力实现学习者之间的有效沟通，是达成群体智慧生成的有效途径。

6.2　教师心理

虽然教师花了大量精力和时间录制了微课视频，但视频的互动性、交互性不尽如人意。在微课制作方面还有很多的提升空间，有条件的教师可以通过教师专业培训或者辅导，请有经验的教师进行经验交流等。

教师在探索翻转课堂教学模式的过程中也会存在很多疑虑，要承担极大风险。教学活动的设计是否合理，学生是否能完成，课堂上会出现各种不同的问题，是教师要面临的自身挑战。另外微课视频的设计与制作对教师也提出了新的要求，线上和线下与学生的沟通交流也要花费教师大量的时间和精力。

翻转课堂毕竟是一种新型教学模式，我国在这方面的研究和实践都比较少，尤其是英语翻转课堂教学，教师可以借鉴的理论指导和实践经验很少，多数情况下要靠自己的能力去探索。在这种情况下，教师个人不仅需要不断加强学习，更要加强团队建设，教师之间分工合作，分担工作压力和工作量，分享筹备工作和课堂教学的经验。

6.3 学科特点

任何一种教学模式都有它的优势和劣势，有人提出是否所有的课程都适合翻转教学的疑问。目前翻转课堂教学实验多数集中于理科类课程，因为理科类课程的每个知识点都很明确，教师只需将某个教学重点、难点、考点、疑点制作成10 分钟的精彩教学视频，就可以方便学生下载自学。文科类的课程特点不同于理科，在实施翻转课堂时应充分考虑到课程需要教师创作高质量精彩的教学视频，用于激发学生的学习兴趣，引导学生积极地观看教学视频并进行思考。

大学英语有其自身的特点，有包括语言知识、文化知识在内的类似理科类学科的知识点的传授，更有思维方式、沟通技巧、语言技能等典型文科类知识和技能的培养。因此对于不同类型的课程、同一类型课程的不同内容进行翻转式教学时应采取不同的教学策略，微课的制作也应采取不同的方式进行选择和制作，如一般性的知识点的讲授，可以在互联网或者微课、慕课和 SPOC 等平台下载或学生自行搜索和观看，既可以提高微课平台或网络教学资源的利用率，又可减轻任课老师的工作负担，有利于教师抽出更多的时间和学生进行在线沟通和交流。

6.4 信息技术

对翻转课堂评价指标、体系建设和教学评价改革实践的问卷调查结果表明：在翻转课堂实践中，由于翻转课堂学习时空的拓展性、学习方式的多样性，导致其学习过程跟踪与监测、教学活动的方式较传统方式有较大改变。对翻转课堂学习过程的监测需要信息化手段与平台的支撑，但目前对于翻转课堂教学过程的监控相关研究很少，很多教师缺乏专业化的信息技术管理水平，在教学过程中只是起到教学资源的发布与教学活动的组织的作用，但对教学过程的监测存在一定难度，对于云服务端、大数据技术、新型教材和多媒体的融合、二维码数字教材的使用或者创编，如何实现学生线上和线下学习的自如、方便的切换，如何使线下课堂教学和数字教育资源充分融合等，都需要老师紧跟数字时代和信息时代的步伐，在实践中不停学习摸索和互助交流。

数字时代的教学变革已经是不可逆转的时代潮流，教学活动作为社会实践的有机组成部分无法避免受互联网信息技术发展的影响，在数字时代的教学环境更加智能。教学资源共享程度越来越高、教学形态愈加多元、教学模式灵活、教学范式现代化、学习方式追求自主、管理与评价数字化，这些对教师的教学组织和管理能力都提出了更高的要求。

本书提出的翻转课堂教学模式是诞生于“互联网+”教育的发展浪潮下，充分融合了数字化网络学习和传统课堂教学的优势，实现了对于教学活动的重构，利用先学后教的模式来重新设计课堂教学流程和方法模式。把学作为课堂的中心环节，同时灵活并因“课”制宜地充分利用微课、慕课和SPOC等最新教育信息技术和网络教学资源，让“教”紧紧围绕“学”来展开，有利于实现教育流程的创新优化和教育方式的信息化。翻转课堂教学模式是对传统教学的彻底颠覆，将知识传授和内化进行颠倒安排，培养学生课堂争论和自主探索。

在建构主义学习、认知负荷等理论的指导和启示下，本书根据翻转课堂的教学理念和设计原则，颠覆传统教学理念，将知识传授与知识内化的过程颠倒和优化，同时结合大学英语课程特色，介绍如何将微课这种新型教学资源和翻转课堂这种新型教学模式有机结合起来，形成基于微课的大学英语翻转课堂教学模式，并将之应用到大学英语的教学改革的实践过程中。一方面，科学设定并实践微课的教学开发和制作的结构流程和应用模式，包括环节、内容、呈现方式和技术形态等，力求真正发挥微课提高学生学习兴趣、降低认知负荷、实现分层学习和个性化学习等作用；另一方面，研究和实践如何实现教师和学生在课堂内外、课前课后角色的转变，如何提升语言运用的时间和空间，增强互动，真正实现“以学生为中心”的翻转课堂教育理念，提升大学英语的教学效果和学生英语应用能力。

7 未来思考

翻转课堂，不仅是形式的翻转，更是角色定位、教学任务、教学重点、沟通方式等的内在重大转变。本书通过大学英语课程的教学实践，证明了翻转课堂可以成功在大学教学中应用，也提出了大学英语教学中翻转课堂的基本模式和操作流程。然而，无论是学生还是操作流程都会出现一些问题，它们都并非翻转课堂在大学教学中推广应用的障碍，而是翻转课堂在和不同学科及信息技术融合的过程中不断发展完善的动力。

真正的挑战是，大学的教师是否习惯这种教学活动。教师们是否具备将结构化的知识转化成立体、真实的问题或任务，同时设计出合理的学习指导方案，引导学生通过问题或任务的解决掌握相关知识和技能。教师们又能否开发出相应的学习资源（如微课）以为学生的学习提供足够的学习支撑，而教师们又是否具备良好的研讨组织能力，同时从学生的作业和讨论中发现问题、解决问题，引导学生完成对知识的总结和提升，这些才是真正制约翻转课堂在大学教学中应用的关键因素。在教学改革创新的过程中，师生可以从以下几个方面进行思想和教学实践的重新定位和大胆探索。

7.1 翻转课堂教学的任务

传统的“教师-书本-课堂”式的教学方式，教师通过口头语言的讲授及黑板粉笔的应用，系统地把书本知识传递或灌输给学生。教师是主动的施教者，学生是被动的受教者。而“视频-课堂-教师”式的翻转课堂教学方式，将学生看成是具有较强能动性和具有浓厚兴趣的学习者，教师则通过制作视频、组织课堂、课后辅导来促进学生的学，从而达成教学目标。对教学的不同理解、教学方式的转变，使得教师角色正经历着一次新的建构。

7.1.1 教学视频的研发者与建构者

翻转课堂首先要求教师是教学视频的研发者与建构者。一个优秀的教学视频不仅可以替代教师的课堂讲授，传递知识，激发学习兴趣，保证学习的持续，还是翻转课堂进行的物质前提。因此，翻转课堂要求教师能根据课程教学的具体要求，自行设计、录制教学视频。不仅要求教师会录、能录，还要求录制的视频结构合理、条理清楚、声画清晰、互动性强、有吸引力。同时，要为视频提供引导性强、结构清晰的视频副本，供学生在观看视频前了解主要内容，促使学生在观看视频时能集中精力在视频内容上，并帮助学生课后进行复习。

总之，教师要在短短几分钟时间内将知识点内容讲清楚，讲完整，就要花费更多的精力来准备教学课件。教学视频研发者与建构者的角色不仅对教师的视频录制技能、教学设计技能、教学知识处理能力、知识讲解能力等提出了新的要求，还对教师工作的时间提出了挑战。

7.1.2 学习活动的设计者、组织者

如果说学生自行观看教学视频是翻转课堂的前提与基础的话，那么互动交流则是翻转课堂之所以能够颠覆传统的授受主义教学方式的缘由。然而实践表明，翻转课堂仅仅为师生提供更加充裕的互动时间是不够的，还应有效地引导学生主动参与、乐于探究，主动加强师生间的相互合作与交流，使课堂在探索、讨论中成为质疑问难、交流思想、内化知识的场所。

这些均要求教师从灌输、控制的角色中摆脱出来，改变过去以知识讲授为主导的教学模式，尊重学生的个性和认知、情感需要，创造性地设计好探究活动，组织好课堂探究和课堂讨论，引导学生在对话、交流和合作中发展自我。

因此，教师与学生的关系也从“控制”“对立”走向“交往”“对话”。教师成为课堂活动的组织者、参与者和对话者。教师通过对话，使自己融入课堂讨论，在讨论中发表观点，适时质疑，及时引导，使课堂真正成为激荡智慧、促进发展的场域。

7.1.3 学生的测评者和学习动力的促进者

课前视频是课堂翻转的基础，课中探究讨论是课堂翻转的灵魂，课后探究则是知识深化巩固、技能提升的过程。教师不仅是课前的研发者，也是课中的设计者、组织者与参与者，更是学生课后探究活动的辅导者、学习动力的促进者和监督测评人员。

如何鼓励学生认真观看视频，对视频提出的问题和接下来的课堂讨论议题进行思考和做相应准备，以及如何鼓励学生参与课堂内外任务和讨论，简而言之如何提升学习的动力。本书提出，教师评价除了给予鼓励为主，指正为辅的口头评价外，还应进行各种形式的形成性评价，并以此作为课程成绩的主要依据，而非以期末考试为主要评判标准。形成性评价方式有很多，如学生互评、对学生的课堂陈述进行评价、提出的问题参与交流的次数进行记录、定期进行测试等。

7.1.4 学生角色重定位：课堂翻转的“本”

“颠倒的教室 ”不是学生毫无组织的、自由的、随意的学习，而是在精心设

计的课堂探究活动或讨论活动引导下的积极主动的学习。翻转课堂教学的全过程要求学生积极参与其中，即在课前能够自觉学习视频，课中能积极探究、参与讨论，课后能克服困难、深入探究、总结经验、升华知识。可见，翻转课堂是一个建构深度知识的课堂，学生是这个课堂的主角，学生只有从被动的知识接受者变为积极主动的学习者，在兴趣的引导下，积极参与课堂活动，主动探究，才能成为翻转课堂学习的主人，才能真正提升教学的质量，促进学生的个体发展，达到教学最优化。

7.2 翻转课堂教学的基石

观看课程教学视频是翻转课堂教学的第一步，也是关键一步。如果学生不能按时学习完课前教学视频，就没有办法参与下一环节的课堂活动，易使翻转课堂流于形式。

因此，精心设计、录制能有效吸引学生的教学视频是翻转课堂教学实施的基石。反思课程教学实践，分析调查数据，认为可以从以下几个方面提高课程教学视频的质量。

首先教学视频应精细设计且有针对性。所谓精细设计是指要合理细化课程的知识点，并形成涵盖所有知识点的“知识点组”体系。当然“知识点组”不能太大也不能太小，太大难以在有限的时间内将其讲透彻、讲明了；太小易造成知识碎片化，不利于学生对知识整体的把握。所谓有针对性是指每个教学视频均要对应特定的“知识点组”，从而利于学生查找、观看与学习。这就要求在视频录制前，根据课程内容，细化课程知识，形成精细的“知识点组”体系。同时，针对各“知识点组”设计视频录制方案和视频讲解方案，并按设计精心录制视频。这均对教师处理课程知识内容的能力与教学视频设计能力提出了新要求，特别是针对单个“知识点组”设计并录制微视频的能力。其次，教学视频应力争结构合理、条理清晰、生动形象，有较强的互动性。调查数据分析显示，结构合理、条理清晰、讲解生动形象、互动性强的教学视频受到普遍的欢迎。视频做得结构合理、条理清晰固然不难，然而要做到生动形象、互动性强却着实不易。必然要求在具体的教学视频录制中，注意用词，巧用案例，以例言知。同时，视频不同于课堂教学，教师在视频录制时不能及时感知学生的疑问。因此，在视频录制中，可巧用等待技巧，留给学生足够的时间，给予学生思维参与的机会，提高视频的互动性。

7.3 翻转课堂教学的灵魂

相比传统课堂教学，翻转课堂教学最大的变化是知识传授在课下通过信息技术的帮助来完成，而课堂成为师生对话、达成理解的场所。对话不仅是教育交往的方式，而且也是教育情境。在对话中，教师和学生都为教育活动所吸引，他们共同参与、合作、投入和创造相互交往活动，因此对话不仅仅是指二者之间的狭隘的语言的谈话，这种对话更多的是指相互接纳和共同分享，指双方的交互性和精神的互相承领。

课堂只有成为师生对话、互动与交流的场所，才能帮助学生解决所遇到的问题，促进"意义溪流"在教师、学生之间的流动，实现"在群体中萌生新的理解与共识"。

因此，在翻转课堂教学的课堂活动组织中，应坚持"尊重彼此的观点，尊重彼此的传统习俗或经历，言论、信仰和行动的自由，共同决定对话的形式和内容，关心具体的生活经验，通过具体行动（实践）验证"等原则，重建课堂"对话"。也就是说，首先应营造一个尊重、自由、平等的课堂氛围；其次，结合课前学习与课程教学实际情况，创设对话空间；最后要精心组织课堂对话活动，实现"意义溪流"的自由流动。同时，在组织课堂对话活动时，要避免简单的"独白型教学对话"，恰当使用"技术型教学对话"，力争做到"生命型教学对话"。这样，才能使课堂真正成为知识碰撞、生命相遇的场域。

总之，翻转课堂不仅是对传统教学形式的简单翻转，而且是从尊重人、尊重人的发展规律的角度对课程教学结构的根本性变革。这种变革不仅对教师的教学技能提出了新要求，也对学生的学习能力提出了新要求。因此，进行师生角色重定位、精制课程教学视频、重建课堂对话是真正实现翻转课堂的有效路径。

当然，在翻转课堂的模式中，由于设计出来的学习活动、讲解视频、学习材料、测试题等都有着较高的通用性，教师可以选择使用其他人开发的学习资源包提供给学生课前预习使用，自己将主要精力放在分析学习者的学习进展和课堂指导、交流等工作上。

7.4 翻转课堂教学的保障

科学合理的课堂评价体系及其运行机制不仅是翻转课堂教学模式改革的一部分，更是提高教学效率的有效手段之一，不仅是课堂教学的有机组成部分，也是提高课堂教学质量的重要手段。体现不同学科自身特点的多维度课堂教学评价体系是规范评价过程、激励教学改革、保证评价结果、公正合理的前提条件和保障。高校实现校园数字化后，其在教学、管理方面产生的网络信息已明显具有大数据特征。

本书以大学英语课程为例，构建的教学评价体系发挥大数据和教学网络平台优势，进行针对性的、有效率的、实时的课堂教学评价。优化后的教学评价体系，实现了评价主体多元化，结合了形成性与终结性评价，并综合应用了定量与定性评价。

总之，翻转课堂无疑是一种新型的、非常有活力的教学组织模式，有利于构建和谐的师生关系，提升学生的自主学习能力，创造良好的学习文化，实现因材施教的目标和帮助学习者对知识进行内化和吸收。本书从多元和形成性的视角出发，依托数字时代国家高等教育信息化的战略，基于“慕课”、SPOC、超星“学习通”、“钉钉”等互联网平台有力的资源和技术支持，利用移动互联、云存储、大数据、二维码新媒体新视频及新形态教材等，将翻转课堂教学模式应用于传统教学模式的改革，以期实现从 E-Learning 到 M-Learning 即电子学习到移动学习、个人学习到合作学习的数字化时代学习模式的转变，提升教学效率和质量，提升学习者的学习兴趣和积极性，同时强调评价模式的变革对翻转课堂和混合教学变革的重要性，从“评教”和“评学”两方面着手，包含过程性评价和终结性测试评价两个组成部分，包含能力测试、专业测试和动态行为测评等多方面的评价体系。深挖教学过程，建立不同学科翻转课堂教程教学形成性评价体系，以期获得更客观、更全面的评价结果，增强学生学习能力和教师教学成效，最终为教学改革开辟一条新的路径。

参考文献

[1] 顾明远. 教师学习与创新 [J]. 中国教育学刊, 2021 (11): 9.
[2] 蒋立兵. 回归本体价值的经济型微课模型构建与应用 [J]. 中国远程教育, 2017 (2): 53-58.
[3] 焦建利. MOOC: 大学的机遇与挑战 [J]. 中国教育网络, 2013 (4): 21-23.
[4] 何朝阳, 欧玉芳, 曹祁. 美国大学翻转课堂教学模式的启示 [J]. 高等工程教育研究, 2014 (2): 148-151.
[5] 杨斌, 王以宁, 任建四, 等. 美国大学 IPSP 课程混合式翻转课堂分析与启示 [J]. 中国电化教育, 2015 (2): 118-122.
[6] 方圆媛. 翻转课堂在线支持环境研究——以可汗学院在线平台为例 [J]. 远程教育杂志, 2014, 32 (6): 41-48.
[7] 李馨. 翻转课堂的教学质量评价体系研究——借鉴 CDIO 教学模式评价标准 [J]. 电化教育研究, 2015, 36 (3): 96-100.
[8] 黄荣怀, 刘德建, 徐晶晶, 等. 教育机器人的发展现状与趋势 [J]. 现代教育技术, 2017, 27 (1): 13-20.
[9] 牛瑞雪. 教学评价研究 40 年回顾、反思与展望 [J]. 课程 教材 教法, 2018, 38 (11): 60-66.
[10] 朱慕菊. 顺应时代要求 转变学习方式 [J]. 上海教育科研, 2002 (1): 1.
[11] Jason M V, Rachel K, Justin G G. Measuring the impact of library instruction on freshmen success and persistence a qualitative analysis [J]. Communications in Information Literacy, 2012, 6 (1): 49-58.
[12] Jeremy F S. How learning in an inverted classroom influences cooperation, innovation and task orientation [J]. Learning Environments Research, 2012, 15 (2): 171-193.
[13] 张渝江. 翻转课堂变革 [J]. 中国信息技术教育, 2012 (10): 118-121.
[14] 刘军, 王海晖, 王邯, 等. "互联网+" 时代下混合教学模式的应用研究 [J]. 电子元器件与信息技术, 2021, 5 (1): 164-165.
[15] 蒋立兵, 陈佑清. 高校文科课程翻转课堂有效性的准实验研究 [J]. 中国电化教育, 2017 (7): 107-113.
[16] Bruce R J, Marsha W. The teacher-innovator: Models of teaching as the core of teacher education [J]. Interchange, 1973, 4: 47-60.
[17] David H J, R S Grabinger. Applications of hypertext: Technologies for higher education [J]. Computing in Higher Education, 1993, 4 (2): 12-42.
[18] 关中客. 颠倒教室究竟颠倒了什么 [J]. 中国信息技术教育, 2012 (5): 19.
[19] 焦建利. 给慕课学习者的 10 个建议 [J]. 中国信息技术教育, 2013 (12): 22-23.
[20] Jenny M. Rethinking compliance [J]. Companion Animal, 2014, 19 (10): 497-502.
[21] Zheng B, Ward A, Stanulis R. Self-regulated learning in a competency-based and flipped learning environment: Learning strategies across achievement levels and years [J]. Medical Education Online, 2020, 25 (1): 1686949.

[22] Jennifer M, Frank T, Tarek B. Educating business integrator with a computer-based simulation game in the flipped classroom [J]. Journal of Education for Business, 2020, 95 (2): 121-128.
[23] 卞金金，徐福荫．基于智慧课堂的学习模式设计与效果研究［J］．中国电化教育，2016 (2)：64-68.
[24] 谢永朋，杨英歌．移动互联网环境下职业院校课堂互动之道［J］．中国职业技术教育，2019（17）：40-44.
[25] 台盼盼．高校体育翻转课堂教学模式的应用研究［J］．教育理论与实践，2018，38 (15)：63-64.
[26] 王永花，李春燕，殷旭彪．高校教师翻转课堂胜任力现状与对策研究——基于 S 校一线实践教师的调研［J］．高教探索，2019（11）：33-37.
[27] 武小鹏，张怡．"以学评教"的数学课堂教学评价指标体系建构［J］．上海教育评估研究，2017，6（5）：25-29.
[28] 程洋洋．翻转课堂中过程性教学评价指标体系的构建与应用研究［学位论文］．昆明：云南大学，2015.
[29] Kafai Y B, Resnick M. Constructionism in practice: Designing, thinking, and learning in a digital world [M]. Mahwah: Lawrence Erlbaum Associates, 1996.
[30] Wade O. The path to prosperity; landmarks and guide-posts in the pursuit of happiness [M]. Chicago, Ill.: Pub. for the Constitutional Protective League of Illinois, inc., 1935.
[31] Garvin P L, Spolsky B. Computation in linguistics: A case book [M]. Westport: Greenwood Press, 1983.
[32] Kneser D M, Niemi K J, Brunsell E. Introducing teachers and administrators to the NGSS: A professional development facilitator's guide [M]. Virginia: National Science Teaching Association, 2014.
[33] 周清平，曾明星．"微创新"：教学改革路径探索［J］．中国高校科技，2015（5）：36-38.
[34] Armando F. From MOOCs to SPOCs [J]. Communications of the ACM., 2013, 56 (12): 38-40.
[35] 汪琪．浅议二维码技术在高校信息化建设中的应用［J］．湖北经济学院学报（人文社会科学版），2012（7）：173-174.
[36] 搜狐科技．二维码的"前世今生"［OL］．http://www.sohu.com/a/49921522_357143.
[37] 张豪锋．基于 QR_Code 的移动学习系统设计研究——以计算机硬件教学为例［J］．现代教育技术，2011，21（4）：140-144.
[38] 黄荣怀，王晓晨，李玉顺．面向移动学习的学习活动设计框架［J］．远程教育杂志，2009（1）：3-7.
[39] 钱鹏．二维码技术在高校多媒体教学中的应用［J］．实验室研究与探索，2014，33 (4)：255-259.
[40] 李浩君，项静，徐佳程，等．基于二维码技术的多媒体学习效率分析研究［J］．电化教育研究，2015，36（3）：77-82.
[41] Kynaslahti H. In search of elements of mobility in the contest of education [M]. In Mobile Learning (eds. H. Kynaslahti & P. Seppala). 2003.
[42] 陈淑均．合作学习结合学习档案教学法对学生数学解题成就影响之研究［D］．花莲：慈

济大学，2007.
[43] 杨京峰．二维码服务平台的设计及其应用——以高等教育出版社的数字教育资源二维码应用服务为例 [J]．现代教育技术，2019，29 (7)：92-98.
[44] 卜彩丽，曹婉迎，靳宇，等．教学视频设计的原则、理论基础与评价工具研究——基于国外 72 篇实证研究的系统综述 [J]．现代远距离教育，2021 (2)：35-44.
[45] 刘淑香．网络课程在高校教学中的作用 [J]．理论观察，2011 (5)：158-159.
[46] 戴曼纯．我国外语人才需求抽样调查 [J]．外语教学与研究，2016，48 (4)：614-624.
[47] 卜彩丽．深度学习视域下翻转课堂教学理论与实践研究 [学位论文]．西安：陕西师范大学，2018.
[48] 刘锐，王海燕．基于微课的“翻转课堂”教学模式设计和实践 [J]．现代教育技术，2014，24 (5)：26-32.
[49] 赵兴龙．翻转课堂中知识内化过程及教学模式设计 [J]．现代远程教育研究，2014 (2)：55-61.
[50] 马秀麟．翻转课堂教学实践及教育价值 [J]．教育学报，2020，16 (1)：101.
[51] 腾艳杨．知识共享许可协议在开放教育资源版权中的应用案例研究 [J]．现代教育技术，2011，21 (9)：11-16.
[52] 何克抗．21 世纪以来的新兴信息技术对教育深化改革的重大影响 [J]．电化教育研究，2019，40 (3)：5-12.
[53] 余文森．培养能够自主发展的人——论构建尊重、依靠和发展学生独立学习能力的新型育人体系 [J]．人民教育，2021 (20)：37-41.
[54] 李馨．翻转课堂的教学质量评价体系研究——借鉴 CDIO 教学模式评价标准 [J]．电化教育研究，2015，36 (3)：96-100.
[55] 郑志高，张立国，尚国娟．美国创客教育教学评价案例的分析与启示 [J]．现代教育技术，2016，26 (12)：12-17.

附录 微课专题视频教案和课件样例

附录1 某大学外国语学院课程教案

课程名称：舌尖上的PK
——中美饮食文化差异专题课程

课程编码：0300500

总学时/实验学时：

开课时间：

周 学 时：

授课年级、专业、班级：

使用教材：自编教材与课件

授课教师：

附录1.1 舌尖上的PK——中美饮食文化差异专题课程第一讲教案

授课标题	Lecture 1 The Distinct Table Wares 各具特色的餐具	时长	33分钟
授课时间	第1周		
主要内容	本讲从最直观的餐具入手，主要介绍中美用餐餐具在种类、外观和使用方式等方面的显著差异		
教学目的	1. 了解中式餐具的英文名称； 2. 学会用英语描述筷子的使用方法； 3. 认识不同的美式餐具及其用途； 4. 学会西餐餐具的摆台方法		
教学难点	1. 用英语描述筷子的使用方法； 2. 识别不同的美式餐具及其用途		
时间安排	Step 1：课程导入及各章节介绍（10 minutes） *The introduction of the subject and the arrangement of the lectures.* Step 2：中国餐具（12 minutes） *The main characteristics and the using method of the Chinese Table Wares.* 1. 主要特色 2. 使用方法 Step 3：美式餐具（11 minutes） *The different names and the placement of American Table Wares.* 1. 餐具的名称 2. 餐具的摆放		

续表

教学活动

Step 1：课程导入及各章节介绍（10 minutes）

教师提问：饮食文化包括哪些方面

Dietary Culture is a very big notion which contains many aspects.

Can we discuss all the aspects in such a short time?

How can we deal with it?

通过问答的教学方式强调课程的主要内容、目标及需要注意和解决的问题，引出各章节的主要内容

Step 2：中国餐具（10 minutes）

1. 主要特色

Chopsticks are versatile. Once you can handle them, you can use them to pick up different food.

通过 PPT 的图片提示，了解中国餐具的特色和不同用途。

2. 使用方法

（1）教师演示：筷子的正确使用方法。

（2）角色扮演：

学生 A 扮演外国朋友。

学生 B 向外国朋友用英文描述如何正确使用筷子。

（3）游戏

Play some games to see whether you are good at using chopsticks.

通过夹珠子和传递接力的游戏，体验筷子的作用和使用方法。

Pick up glass balls & Transmit small toys.

Step 3：美式餐具（11 minutes）

1. 餐具的名称

（1）配对：将刀叉图片与正确名称配对。

（2）图片识别：用于不同的饮料和酒类所使用的不同的杯子。

2. 餐具的摆放

综合运用：通过学习正确摆放餐具，加强对餐具的识别和使用。

1. Dinner plate	主餐碟	2. Dinner knife	主餐刀
3. Fish knife	鱼刀	4. Soup spoon	汤勺
5. Appetizer knife	开胃品刀	6. Dinner fork	主餐叉
7. Fish fork	鱼叉	8. Appetizer fork	开胃品叉
9. Dessert fork	甜品叉	10. Dessert spoon	甜品勺
11. Bread plate	面包盘	12. Butter knife	黄油刀
13. Butter dish	黄油碟	14. White wine glass	白葡萄酒杯
15. Red wine glass	红葡萄酒杯	16. Water glass	水杯

续表

教学活动	请同学们在下图中标明与餐具相对应的数字 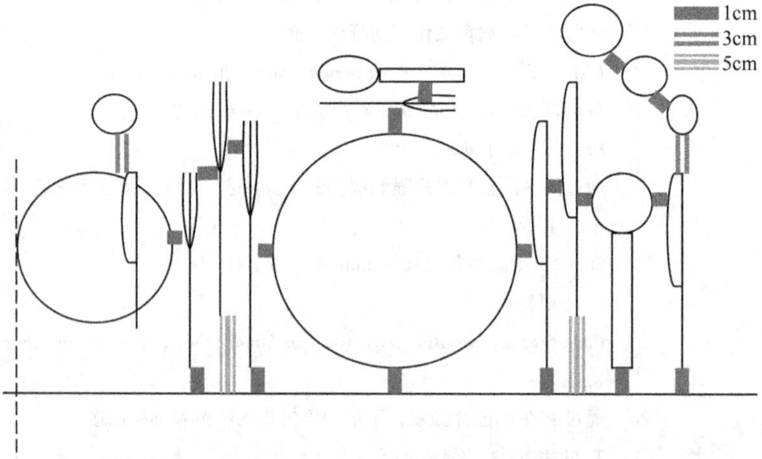
课后作业	(1) 口语演练：用英语描述筷子的使用方法； (2) 复习美式餐具的不同名称和摆放位置
课后小结	(1) 在游戏环节学生表现积极主动，课堂气氛欢乐而活跃，同时达到了巩固教学内容的目的； (2) 美式餐具的种类繁多，由于时间的关系，对餐具摆放的部分还不是特别熟练，这个环节应该增加教学时间，加深了解

附录 1.2　舌尖上的 PK——中美饮食文化差异专题课程第二讲教案

授课标题	Lecture 2　The Divergent Dietary Concepts 大相径庭的饮食理念	时长	32 分钟
授课时间	第 2 周		
主要内容	本讲深入到中美饮食文化本质的不同，主要从四个方面对比中美饮食理念的不同：(1) 个人主义 vs 集体主义；(2) 泛食主义 vs 实用主义；(3) 口味 vs 营养均衡；(4) 丰盛 vs 简单		
教学目的	(1) 了解中美在交往过程中由于饮食文化差异所导致的问题； (2) 深入理解中美饮食文化在理念上的差异是造成不同和问题的根本原因		
教学难点	(1) 对比中美饮食文化差异； (2) 理解个人主义和集体主义的本质差异和表现形式		

续表

时间安排	Step 1：Introduction Video 内容导入视频（5 minutes） Step 2：The Comparison of Dietary Concepts（27minutes） 对比饮食理念的差异： （1）Individualism vs Collectivism（8minutes）. 个人主义 vs 集体主义。 （2）Pan-foodism vs Pragmatism（7minutes）. 泛食主义 vs 实用主义。 （3）Tasty vs Balanced Nutrition（7minutes）. 口味 vs 营养均衡。 （4）Rich Style vs Simple Style（5minutes）. 丰盛 vs 简单。
教学活动	Step 1：Introduction Video 内容导入视频（5 minutes） 1. 观看视频：观看一段中国广东商人宴请外国客户吃蛇的诙谐视频 2. 讨论分析：引导学生分析视频体现的中美饮食文化和习惯的不同 Step 2：The Comparison of Dietary Concepts 对比饮食理念的差异（27minutes） 1. Individualism vs Collectivism 个人主义 vs 集体主义（10minutes） （1）心理测试：1）鱼缸测试；2）配对测试。 通过心理测试游戏让学生感受个人主义和集体主义对我们的影响，如观察事物的角度、个人与环境关系的看法。 （2）搭配活动： 1）老师列举个人主义思想和集体主义思想不同的表现形式； 2）学生为这些表现形式找到不同的归属。 2. Pan-foodism vs Pragmatism 泛食主义 vs 实用主义（5minutes） （1）定义：区分泛食主义与实用主义的本质差别； （2）看图：认识泛食主义与实用主义的不同表现形式。 3. Tasty vs Balanced Nutrition 口味 vs 营养均衡（7minutes） 头脑风暴 Brainstorm：学生列举他们的早餐食谱；教师介绍美式早餐的构成。 4. Rich Style vs Simple Style 丰盛 vs 简单（5minutes） （1）看图说话：描述中国正式宴请的主要特色； （2）正确排序：美式宴请一般只有四道菜，通过排序熟悉四道菜的具体内容
课后作业	（1）复习中美饮食理念差异的不同表现形式； （2）搜集有西餐的菜单和有英文翻译的中餐菜单
课后小结	为了提高学生的跨文化交流意识，课堂上应该向学生强调中美饮食文化理念的不同是导致其他不同的根本原因，这些差异没有优劣之分，我们应理解和尊重这些差异的存在

附录 1.3 舌尖上的 PK——中美饮食文化差异专题课程第三讲教案

<table>
<tr><td>授课标题</td><td>Lecture 3 The Interesting Translation of Dish Names
有趣的菜名翻译</td><td>时长</td><td>34 分钟</td></tr>
<tr><td>授课时间</td><td colspan="3">第 3 周</td></tr>
<tr><td>主要内容</td><td colspan="3">本讲从一些让人忍俊不禁的错误菜名翻译入手，在分析西式菜单和菜名特色的基础上，总结了一套翻译中文菜名的方法和简单易学的公式</td></tr>
<tr><td>教学目的</td><td colspan="3">（1）学习中文菜名和英文菜名的不同特点和组成；
（2）掌握中文菜名的翻译技巧</td></tr>
<tr><td>教学难点</td><td colspan="3">（1）掌握菜肴名称翻译中主料、辅料、烹饪方法、调料、切法的英文翻译；
（2）掌握不同的翻译公式</td></tr>
<tr><td>时间安排</td><td colspan="3">Step 1：Introduction 导入（5 minutes）
Step 2：Which information is included in the names of dishes? 英文菜单和菜名的组成成分（10 minutes）
Step 3：中式菜肴的英文翻译技巧（10 minutes）
1. 准备活动 Preparation Activities
2. 介绍翻译公式 Translating Formulae
Step 4：The Most Popular 10 Chinese dishes in America 介绍在美国最受欢迎的十大中国菜肴名称翻译 （4 minutes）
Step 5：America Specialty Foods 介绍美国特色菜品（5 minutes）</td></tr>
<tr><td>教学活动</td><td colspan="3">Step 1：导入（5 minutes）
1. 图片列举
常见的让人哭笑不得的错误菜名翻译
Funny but Poor Translations
2. 分析中文菜名的特点
It's not easy to translate the names of Chinese dishes.
Beautiful and joyous.
Contain historical and cultural background information.
Step 2：英文菜单和菜名的组成成分（10 minutes）
Step 3：中式菜肴的英文翻译技巧（10 minutes）
1. 准备活动
游戏：（1）“记忆明星” Memory Star.
帮助学生迅速而愉快地记忆各种烹饪方法和切法的英文。
（2）“你懂我！” You know me!
学习各种和口感口味有关的英文表达。
2. 归类总结：翻译方法和公式</td></tr>
</table>

续表

教学活动	将各种翻译方法整理成四种简单易懂的公式便于学生掌握 （1）以主料开头的翻译方法： 主料（形状）+（with）辅料+（with，in）味汁 （2）以烹制方法开头的翻译方法： 烹法+主料（形状）+（with）辅料 （3）以形状或口感开头的翻译方法： 形状（口感）+烹法+主料+（with）辅料+（with）味汁 （4）以人名或地名开头的翻译方法： 人名（地名）+烹法+主料 Step 4：介绍在美国最受欢迎的十大中国菜肴名称翻译（4 minutes） Step 5：介绍美国特色菜品名称（5minutes）
课后作业	（1）完成10道中式菜肴的菜名翻译； （2）列举10道经典美式菜品
课后小结	（1）错误菜名翻译的列举成功吸引同学们探讨菜名翻译的兴趣； （2）记忆游戏对同学们快速掌握相关英文名称帮助很大，可以增加准备和游戏活动的时间； （3）翻译公式简单明了，学生能够迅速掌握，但还是要加强练习，增强熟练程度

附录1.4　舌尖上的PK——中美饮食文化差异专题课程第四讲教案

授课标题	Lecture 4　The 8 Major Cuisines vs The Fast Food 八大菜系和快餐文化	时长	30分钟
授课时间	第4周		
主要内容	本讲介绍中美的特色饮食，主要分析中国八大菜系的特征和特色菜品，并对比介绍美国快餐文化的历史、发展现状、代表性品牌、代表性食物等		
教学目的	（1）了解中国八大菜系形成的原因； （2）学习介绍中国八大菜系的主要特征和特色菜品； （3）了解美国快餐文化的历史背景、发展现状及代表性品牌； （4）掌握代表性食物的名称和点餐的方法		
教学难点	（1）如何介绍中国八大菜系的主要特征和菜品的特色； （2）正确掌握代表性食物的名称和点餐的方法		

续表

时间安排	Step 1：*The 8 Major Cuisines of China* 中国八大菜系（15 minutes） 1. *Influencing Factors*：*Natural Factors and Social Factors* 形成不同菜系的影响因素分析（5 minutes） 2. *The characteristics and famous dishes* 八大菜系的特色及代表性菜肴（10 minutes） Step 2：*American fast food culture* 美国的快餐文化（15 minutes） 1. *The history and the developing situation* 美国快餐文化的历史、发展现状（5 minutes） 2. *The international fast-food chains* 美国快餐文化的代表性品牌（5 minutes） *Arby's*，*KFC*，*Mc Donald's*，*Starbuck's Coffee*，*Subway* 3. *Learn how to order food in a fast food restaurant* 美式快餐代表性食物及点餐方式（5 minutes）
教学活动	Step 1：中国八大菜系（15 minutes） 1. 形成不同菜系的影响因素分析（5 minutes） 集体讨论：根据 PPT 课件的要点提示进行 2. 八大菜系的特色及代表性菜肴（10 minutes） （1）讲授：按照菜系的不同分别进行讲授。 （2）提问：来自不同省份的学生对自己省属菜系比较了解。 鲁菜 Shandong Cuisine 川菜 Sichuan Cuisine 粤菜 Cantonese Cuisine 苏菜 Jiangsu Cuisine 浙菜 Zhejiang Cuisine 闽菜 Fujian Cuisine 徽菜 Anhui Cuisine 湘菜 Hunan Cuisine Step 2：美国的快餐文化（15 minutes） 1. 美国快餐文化的历史、发展现状（5 minutes） 分析和讨论：快餐文化受欢迎的原因 2. 美国快餐文化的代表性品牌（5 minutes） Logo 图片：用学生所熟悉的不同品牌的 Logo 图片引导学生说出品牌名称，教师介绍不同品牌的创始时间、创始人和主要特色。 3. 美式快餐代表性食物及点餐方式（5 minutes） （1）真实的菜单：用真实的快餐店菜单引导学生认识不同的食物的中文名称。 （2）角色扮演：几个学生分角色扮演快餐店店员和顾客；先分组练习，再上台演示
课后作业	（1）复习八大菜系的名称和主要特色； （2）条件允许的情况下，前往美式快餐店用英文点餐和用英文交流
课后小结	通过课程讲授发现，其实学生对中国八大菜系的了解并不充分，甚至比不上对快餐文化的了解和掌握。今后要加强学生对中国文化的学习，树立民族自尊心和自豪感，在中外交流中多多向国外介绍源远流长、博大精深的中国文化

附录 1.5　舌尖上的 PK——中美饮食文化差异专题课程第五讲教案

<table>
<tr><td>授课标题</td><td>Lecture 5　The Individual Table Manners and Etiquette
不同风格的用餐方式和礼节</td><td>时长</td><td>36 分钟</td></tr>
<tr><td>授课时间</td><td colspan="3">第 5 周</td></tr>
<tr><td>主要内容</td><td colspan="3">本讲主要对比了中国和美国在餐前、餐中和餐后三个时间段的不同饮食方式、习惯和礼仪，并通过错误演示和判断正误等方式强调了一些重要的用餐注意事项</td></tr>
<tr><td>教学目的</td><td colspan="3">（1）学习用英文介绍中国的用餐礼仪；
（2）了解以美国为代表的西方的用餐方式、习惯和礼仪</td></tr>
<tr><td>教学难点</td><td colspan="3">（1）用英文介绍中国的饮食文化和用餐礼仪；
（2）学习西方的用餐方式和礼仪</td></tr>
<tr><td>时间安排</td><td colspan="3">Step 1：Before Dinner 用餐前的用餐礼仪对比（12 minutes）
1. 餐桌的形状对比
2. 落座的方式对比
Step 2：While having Dinner 用餐期间的方式和礼仪对比（12 minutes）
Step 3：After Dinner 餐后的礼仪对比（10 minutes）</td></tr>
<tr><td>教学活动</td><td colspan="3">Step 1：用餐前的用餐礼仪对比 Before Dinner（12 minutes）
1. 餐桌的形状对比
（1）图片对比：根据图片找异同；
（2）分析原因：根据第二讲中饮食理念的差异分析
2. 落座的方式对比
（1）展示和提问：请学生辨认不同国家和不同形状餐桌主位的不同。
（2）游戏：“抢位子”的游戏。加深学生对“主位”的概念。
学生随着音乐围绕两张凳子转圈，音乐停即刻开始抢凳子，胜利者可以继续游戏，没有抢到座位的同学，站在一旁；第二轮游戏凳子的数量减少一张。最终的胜利者可以享受由其他游戏参与者指引坐上“主位”的待遇。
Step 2：用餐期间的方式和礼仪对比 While having Dinner（12 minutes）
游戏：“你演我猜”
教师事先准备好多张纸条，写有用餐的禁忌，以“Please don't...”开头，发给不同的学生；收到纸条的学生两人为一组表演纸条上的内容。在准备的同时，其他学生通过显示屏上学习打乱了顺序的写有用餐礼仪的句子。
准备时间过后，收到纸条的同学上台表演，如果其他同学能迅速明白和找出对应的语句，即获胜。
Step 3：餐后的礼仪对比 After Dinner（10 minutes）
判断正误游戏：
教师将餐后礼仪写成句子，有对有错；两位同学一组，一个同学念句子，一个同学判断正误，如果能读后在三秒钟之内判断正确则该同学胜出</td></tr>
</table>

续表

课后作业	（1）复习之前学过的五个讲座； （2）请在今后的用餐过程中运用所学的知识
课后小结	同学们在跨文化交流过程中要同时注意推广介绍中国饮食文化和用餐礼仪，同时尊重他国的用餐文化和礼仪

附录 2 微课主题课程简介和字幕样例

饮食，是人类生存发展中不可或缺的共同需求。中西文化博大精深、多姿多彩；在世界一体化的浪潮中，中西饮食文化各具特色、各领风骚。我们在学习西方语言和文化的同时，应该加强本民族语言和文化的了解和表达，这不仅有助于消除因文化差异造成的障碍和误解，加深跨文化交际的广度和深度，更有助于在交流过程中增强民族自豪感和自信心，并为弘扬民族文化献一份力。本课程将饮食文化作为切入点，以中美饮食文化为典型案例，去探究比对中西生活的相似相异处和共鸣共振点。主讲老师从最直观的餐具差异讲起，逐步深入到菜名翻译、特色饮食推荐介绍，一直到中西饮食理念的碰撞比拼；最后，用精彩生动的课堂互动生动演绎和比较中美用餐方式和用餐礼仪的差异。希望这次课程能为大家开启一段让人心旷神怡而又受益良多的中西饮食文化之旅！样例如下：

（1）with thousands of years long history Chinese food culture
中华饮食文化有几千年的悠久历史

（2）plays an important role in Chinese civilization
是中华文明的一个重要组成部分

（3）It is our duty and honor.
向全世界介绍中华传统饮食文化。

（4）to introduce the Chinese food culture to the world
是我们的责任和荣耀

（5）Let′s start from the dish names.
让我们从菜品的名称开始吧。

（6）However many people don′t know how to translte.
然而很多人不知道如何翻译。

（7）the names of Chinese dishes
中国菜名

（8）Hello everyone.
大家好。

(9) Welcome to my micro course.
欢迎大家来到我的微课课堂。

(10) Today I will propose some translating techniques.
今天我将提出一些翻译技巧。

(11) to solve the problem of translating the Chinese dishes
来解决翻译中文菜名的难题

(12) These thechniques are called 3&3 Techniques.
它们被称为"三加三巧译法"。

(13) They are easy to understand and manage.
这些技巧很容易理解掌握。

(14) I hope these techniques will be useful and illuminating for you.
希望这些技巧能有所裨益有所启发。

(15) All together this lesson has 2 learning objectives.
这一课一共有两个学习目标。

(16) The first objective is to understand the differences of dish names between China and the West.
目标一是了解中西方菜名的主要差异。

(17) The second objecitve is to master the 3&3 Techniques.
目标二是掌握"三加三巧译法"。

(18) before studying the translating rules and skills
在学习这些翻译法则和技巧之前

(19) we should know the major naming differences for food dishes
我们应该首先了解

(20) between Chinese and western dishes
中国西菜命名方式的主要差异

(21) The names of Chinese traditional dishes.
中国传统特色的菜名。

(22) are very different from those of western dishes
和西方菜名的风格有很大区别

(23) The former always have profound meaning.
中国的菜名总是更加注重寓意。

(24) Such as some historical or cultural background information.
例如包括一些历史或文化背景。

(25) Like fó tiào qiáng or lǘ dǎ gǔn, etc.
如佛跳墙或驴打滚等。

（26） Sometimes the names of food dishes have some auspicious implication.
有时包含一些吉祥的寓意。

（27） Like lián nián yǒu yú or tián tián mì mì，ect.
如连年有余或甜甜蜜蜜等。

（28） in contrast
与之对比的是

（29） the western dish names are more practical
西方饮食文化强调实用性

（30） Usually named after the cooking methods and the raw materials.
一般按照制作方法和制作材料给食物命名。

（31） Unfortunately the Chinese dish names are often poorly translated.
可惜很多中国菜名都被直译。

（32） which makes the foreigners very confused
弄得外国友人一头雾水

（33） For example，sì xǐ wán zǐ is often directly translated to Four Glad Meat Balls.
例如四喜丸子，常常被直接翻译成“四个高兴肉球”。

（34） Má pó dòu fu is often translated to Bean Curd Made by a Pockmarked Woman.
麻婆豆腐常被译成麻子脸妇女做的豆腐。

（35） Gōng bǎo jī dīng is sometimes translated to Government Abuse Chicken.
宫保鸡丁有时被翻译成政府虐待鸡。

（36） Those translations are confusing，amusing and sometimes even horrible.
这些翻译真是让人感到迷惑、滑稽，有时甚至恐怖。

（37） What shall we do about this?
那我们应该怎样翻译呢？

（38） it is suggested that we should. . .
我们的建议是……

（39） firstly follow the western linguistic customs
首先尊重西方的语言习惯

（40） in order to make the translation to be understood
让我们的翻译能够被别人理解

（41） we should also keep some Chinese features for our Chinese dishes
然后再保留一些我们的中国特色

（42） The 3&3 Techniques we will propose today
今天提出的“三加三巧译法”

（43） are designed to take both interest into account

就是旨在兼顾到中西两方面的翻译方法

(44) The first 3 in the 3&3 Techniques refers to the 3M rules.

“三加三巧译法”中第一个3 指的是 3M 法则。

(45) The second 3 in the 3&3 Techniques refers to the 3S rules.

“三加三巧译法”中第二个3 是指3S 法则。

(46) 3 translating skills of maintaining the Chinese style

三个用于保留中国特色的翻译技巧

(47) which are the international rules of naming dishes

这是命名菜品的国际通用方法

(48) The western dish names usually contain 3 major elements.

西方菜名的组成一般就包含这三方面的要素。

(49) the Method of cooking, the Major-ingredient and the Minor-ingredient

烹饪方法、主料及辅料

(50) These three words all begin with the letter M.

这三个词都是以 M 开头。

(51) So we can call it 3M rules.

所以可以称之为 3M 法则。

(52) You can see the 3M rules in the following western dish names.

下面这几道西方菜名就很好体现了 3M 的法则。

(53) Roasted Sirloin Steak with Red Wine Sauce

西冷煎牛排配红酒沙司

(54) Grilled Salmon with Lime Butter

三文鱼烤排配青柠黄油

(55) we can see that the Major-ingredient and the Minor-ingredient

可以看出主料和辅料之间

(56) are linked by the preposition with

是用介词 with 来连接的

(57) The middle M—Major-ingredient is indispensable in every dish.

每道菜名都包含中间那个的 M 表示主料。

(58) which reveals the major material and the shape of the dish

表明菜品的材质和形貌

(59) We can use a noun behind the material.

可以在材质的后面加一个名词。

(60) or a past participle form of a verb in front of the material

或在材质前加一个动词

(61) to illustrate the material shape

来表明材质的形状

(62) Take the above mentioned gōng bǎo jī dīng for example.

以之前提到的宫保鸡丁为例。

(63) we can translate it as

就可以把它翻译成

(64) Stir-fried Diced Chicken with Chili and Peanuts.

爆炒鸡丁配红椒花生仁。

(65) stir-fried is the first M—the Method of cooking

爆炒是第一个 M——烹饪方法

(66) Diced Chicken is the second M—the Major-ingredient.

切丁的鸡肉或鸡肉丁是第二个 M——主料。

(67) Chili and Peanuts is The third M—The minor-ingredient

辣椒和花生是第三个 M——辅料

(68) We use "with" to link the second M and the third M.

用 with 把第二个 M 和第三个 M 连接。

(69) this is one example that illustrate the first part of 3&3 Techniques

以上的讲解是“三加三巧译法”的第一个部分

(70) Now let's see the second part of it.

下面来讲讲第二部分。

(71) The 3 skills of maintaining the Chinese features of the dish.

为菜名保留中国特色的三个技巧。

(72) The first skill is to use some verbs

技巧一是使用动词

(73) Such as stew, braise, twice-cooked, scald and stir-fry, etc.

如炖、红烧、回锅、白灼和爆炒等。

(74) The second skill is to use adjectives highlighting the taste of the cuisine.

技巧二是使用一些表明菜肴味道的形容词。

(75) Because Chinese cuisine is a combination.

因为中国菜讲究。

(76) of beautiful color, fragrant smell, and delicious taste

色香味俱全

(77) and taste is the most important requisite

味是重中之重

(78) for example táng cù pái gǔ can be translated to

如糖醋排骨可以译成

(79) fried Sweet and Sour Pork Ribs

酸甜味的排骨

(80) Here list some other adjectives for reference.

这里列了其他几个形容词供大家参考。

(81) spicy, crispy, tender, Pungent, fragrant

辣、酥脆、嫩、麻、香

(82) The third skill is to preserve the Pinyin as the English name.

技巧三是可以采用直接保留拼音作为其英文名称。

(83) This skill aims at the very famous cuisine.

这个技巧是针对一些非常著名的中国美食。

(84) like Jiaozi, Zongzi

如饺子、粽子

(85) It is for the sake of popularizing Chinese and the Chinese culture

目的是推广汉语和中国文化

(86) Of course you can add some notes if it is necessary

有需要时可以在后面加注释

(87) for example guō tiē

如锅贴

(88) You can translate this to Guo Tie (Pan-Fried Dumplings).

可以翻译成锅贴（平底锅煎的饺子）。

(89) OK that's all for Today's illustration.

今天的讲解就到这里。

(90) At last let's make a short review.

最后来回顾一下吧。

(91) in this class I first

这节课我首先

(92) introduced the main differences between Chinese and Western dish names

介绍了中西方菜名的主要区别

(93) Chinese traditional dish names always have the profound meaning

中国的菜名总是有寓意

(94) where as the western dish names are straight forward

然而西方菜名更直白

(95) and directly indicate

直接指明每道菜品的

（96） the cooking methods and the raw materials used in each dish

制作方法和制作材料的

（97） then we tried to solve the problem how to deal with the differences

之后就是试着去解决如何处理这些不同

（98） proposed the 3&3 Techniques

提出用"三加三巧译法"

（99） when translating our traditional cuisine

来翻译我们的传统美食

（100） as the 3&3 Techniques

因为"三加三巧译法"

（101） can respect the western linguistic custom

既尊重了西方的语言习惯

（102） as well as maintain the Chinese features of each dish

同时又可以保持每道菜品的中国特色

（103） the homework for today is to

这节课的作业是

（104） translate the following two dishes

翻译下面两个菜

（105） běi jīng kǎo yā and duò jiāo yú tóu

北京烤鸭和剁椒鱼头

（106） That is all for today.

今天就到这儿。

（107） See you next class.

下次课再见。

附录3　微课专题课程视频分讲元数据

微课专题课程视频分讲元数据表汇总					
元数据名称	内　容				
课程名称	舌尖上的PK——中美饮食文化差异专题课程				
讲次	第一讲	第二讲	第三讲	第四讲	第五讲
微课标题	The Distinct Table Wares 各具特色的餐具	The Divergent Dietary Concepts 大相径庭的饮食理念	The Interesting Translation of Dish Names 有趣的菜名翻译	The 8 Major Cuisines vs the Fast Food 八大菜系和快餐文化	The Individual Table Manners and Etiquette 不同风格的用餐方式和礼节

续表

微课专题课程视频分讲元数据表汇总

元数据名称	内容				
课程名称	舌尖上的PK——中美饮食文化差异专题课程				
讲次	第一讲	第二讲	第三讲	第四讲	第五讲
本讲简介	本讲从最直观的餐具入手，主要介绍中美用餐餐具在种类、外观和使用方式等方面的显著差异	本讲深入到本质的不同，主要从四个方面对比中美饮食理念的不同：个人主义vs集体主义；泛食主义vs实用主义；口味vs营养均衡；丰盛vs简单	本讲从一些让人忍俊不禁的错误菜名翻译入手，在分析西式菜单和菜名特色的基础上，总结了一套翻译中文菜名的方法和简单易学的公式	本讲介绍中美的特色饮食，主要分析中国八大菜系的特征和特色菜品，并对比介绍美国快餐文化的历史、发展现状、代表性品牌、代表性食物等	本讲主要对比了中国和美国在餐前、餐中和餐后三个时间段的不同饮食方式、习惯和礼仪，并通过错误演示和判断正误等方式强调了一些重要的用餐注意事项
关键词	餐具、种类、使用、差异	饮食理念、集体主义、个人主义、泛食主义	菜名、翻译、公式	八大菜系、特色菜、美国快餐文化、品牌	用餐方式、用餐礼仪
本讲时长	33分钟	32分钟	34分钟	30分钟	36分钟

附录4 专题微课视频分讲幻灯片

附录4.1 专题微课视频第一讲幻灯片

幻灯片1

Welcome!

幻灯片2

舌尖上的PK

——中美饮食文化差异专题课程

A PK Judged by the Tongue

—— the Comparative Curricula on Dietary Cultural between China and America

幻灯片3

Consider One Problem

Dietary Culture is a very big notion which contains many aspects.

Can we discuss all the aspects in such a short time?

How can we deal with it?

Choose some basic, typical and interesting aspects!

幻灯片 4

The Arrangements of the Lectures

课程安排

Lecture 1 The Distinct Table Wares

各具特色的餐具

Lecture 2 The Divergent Dietary Concepts

大相径庭的饮食理念

Lecture 3 The Interesting Translation of Dish Names

有趣的菜名翻译

Lecture 4 The 8 Major Cuisines vs The Fast Food

八大菜系 vs 快餐文化

Lecture 5 The Individual Table Manners and Etiquette

不同风格的用餐方式和礼节

幻灯片 5

The Objectives of the Lectures

讲座的目的

The ultimate goal of the lectures is to

· 讲座的最终目的：

树立跨文化交流意识

提高跨文化交流能力

幻灯片 6

The Objective for Different Lecture 各讲的具体目标 · Lecture 1: To be acquainted with the different table wares · Lecture 2: To understand the different dietary concepts of Chinese and Americans · Lecture 3: To master the skills of translating the names of dishes · Lecture 4: To know some special food of China and America · Lecture 5: To be familiar with the different table manners and etiquette

幻灯片 7

Let's have a good time together!

幻灯片 8

Lecture 1　The Distinct Table Wares

第一讲

各具特色的餐具

幻灯片 9

The Most Distinctive Table ware in China 最具中国特色的餐具 Made of different materials, such as bamboo, wood and stainless steel, etc. However the shape are almost the same.

幻灯片 10

Chopsticks Are Versatile

筷子的功能巨大

However, once you can handle them, they will become Versatile.

幻灯片 11

It's not easy to use the chopsticks correctly!

Can you show me the correct ways of using chopsticks?

幻灯片 12

Can you teach a foreigner how to use chopsticks in English?

Five fingers: Thumb, forefinger, middle finger, ring finger, little finger

Other words: hold, position, place, stationary, parallel, firmly.

幻灯片 13

The correct way to use Chopsticks:
Step 1
Hold one chopstick between your thumb and middle finger.
Position the chopstick at the base of your thumb and the lower joint of the middle finger.
Step 2
Place the other chopstick between your thumb and forefinger.
Step 3
Be sure the tips of the chopsticks are parallel.
Step 4
Keep the first chopstick stationary as you moving the second chopstick.

Step 5
Position the chopsticks around a piece of food. Hold the food firmly as you lift it toward your mouth.

幻灯片 14

Play some games to see whether you are good at using chopsticks
Pick up glass balls
Transmit small toys

幻灯片 15

Some other Chinese Table Wares
其他中式餐具
Can you name some of them?
bowl
plate
spoon
basin
Chinese can finish dishes only with chopsticks（筷子）and spoons（勺子）.
Mainly use the bowls（碗）, plates（盘子）and basins as containers.

幻灯片 16

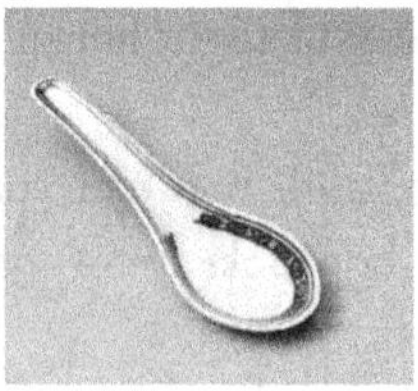

Chinese Table Wares are very Simple.

中国餐具是简单的

Chopstics are versatile, so other wares can be simple.

Chinese people pay more attention to the taste of the food than the types of the tools!

幻灯片 17

In the contrary, the Americans are very particular about table wares（很讲究）!

Different Types of American Table Wares

Appetizers Fork（for seafood or fruit）

开胃品叉

Dissert Fork

甜点叉

Dinner Fork

主餐叉

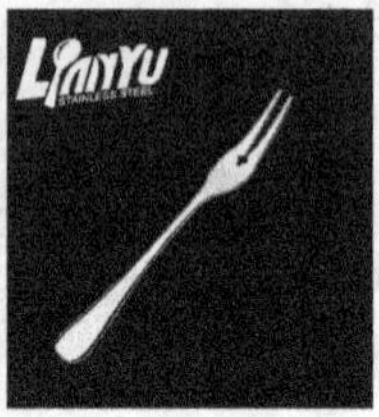

幻灯片 18

Knives

Dinner Knife

主餐刀

Appetizers Knife

开胃品刀

Butter Knife

黄油刀

Fish Knife

鱼刀

Please match the names with the pictures

幻灯片 19

Wine Glass 葡萄酒杯

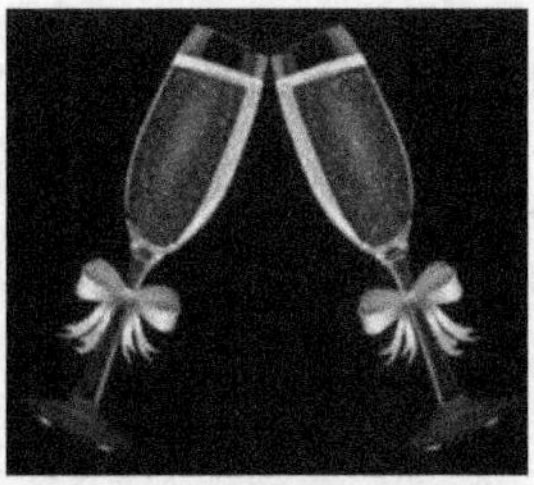

Champagne Glass 香槟酒杯

Mug 马克杯

幻灯片 20

Different Names according to the shapes

Cocktail Glass 鸡尾酒杯

Brandy Glass 白兰地杯

Goblet 高脚杯

幻灯片 21

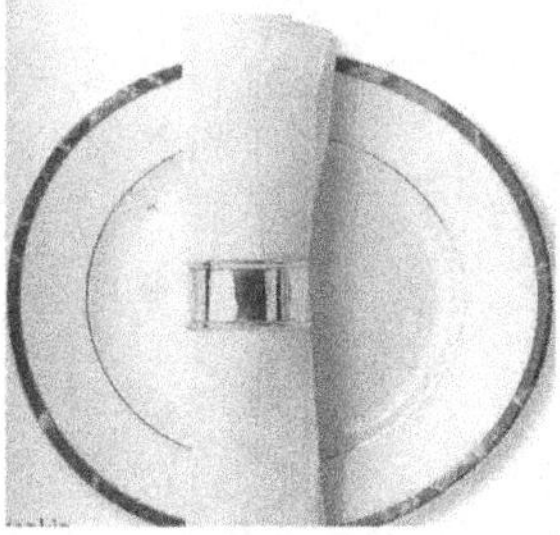

Napkin ring 餐巾环

Dinner Plate 主餐碟

幻灯片 22

Distinguish Some Real Objects

幻灯片 23

Pay Close Attention to The Placement!

幻灯片 24

Dinner plate 主餐碟
Dinner knife 主餐刀
Fish knife 鱼刀
Soup Spoon 汤勺
Appetizer knife 开胃品刀
Dinner fork 主餐叉
Fish fork 鱼叉
Appetizer fork 开胃品叉

幻灯片 25

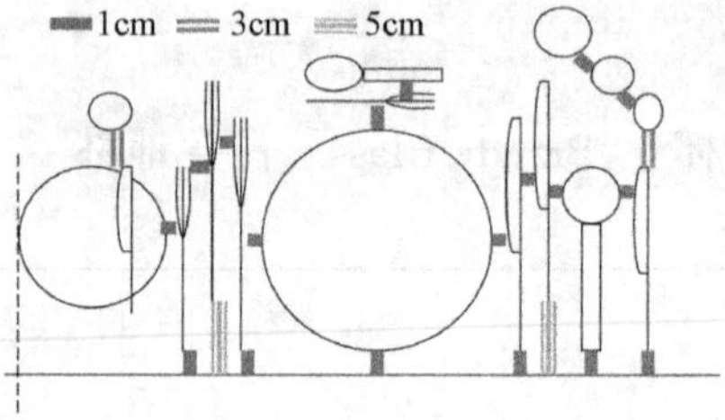

Dessert fork 甜品叉
Dessert spoon 甜品勺
Bread plate 面包盘
Butter knife 黄油刀
Butter dish 黄油碟
White wine glass 白葡萄酒杯
Red wine glass 红葡萄酒杯
Water glass 水杯

幻灯片 26

Content Review

The Main Content

the different features of Chinese and American table wares

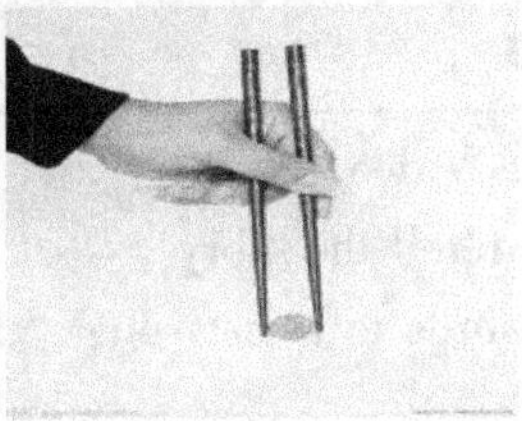

The Main Content

1. How to describe the ways of using chopsticks
2. The types and placement of American table wares

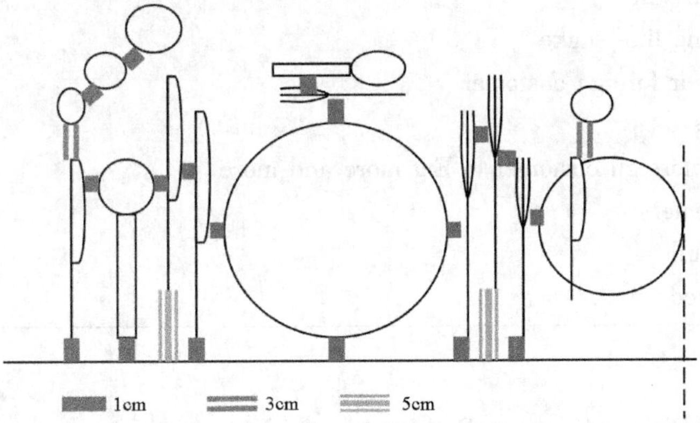

幻灯片 27

Preview

The different dietary concepts of Chinese and Americans.

幻灯片 28

Thank you and see you next time!

附录 4. 2　专题微课视频第二讲幻灯片

幻灯片 1

Lecture Two

第二讲

Different Dietary Concepts

饮食理念的差异

幻灯片 2

Because of the different Dietary concepts, ... problems and missaderstandings arise inevitably.

幻灯片 3

Enjoy a Video
Please retell the story!
Some words to assist you:
Place:
    A bustling local restaurant
    hospitable
The Chinese Hosts:
    In formal suit
    Something like snake
    Treat their foreign customer
    delicious
    Ask the foreign customer to Eat more and more
Foreign customer:
    Really full
    Frightened

幻灯片 4

Many Different Dietary Concepts Reflected in the Video:

Chinese Concepts

American Concepts

Think every thing is eatable, no matter it comes from land or from the sky.

The hosts should show their hospitality by asking the guest to eat more and more food.

It is polite for the guests to leave some food in your bowl to show the host has prepare more food than you need.

Can not imagine we can eat the food like snakes, dogs and even frogs.

The hosts tend to think you are full, if you stop eating.

It is polite and a kind of compliment for the guests to finish all the food in their plate.

幻灯片 5

Contract of Dietary Concepts 饮食理念的差异 1. Individualism vs Collectivism 个人主义 vs 集体主义 2. Ran-foodism vs Pragmatism 泛食主义 vs 实用主义 3. Tasty vs Balanced Nutrition 口味 vs 营养均衡 4. Rich Style vs Simple Style 丰盛 vs 简单

幻灯片 6

1. Individualism vs Collectivism 个人主义 vs 集体主义 Understand value differences identify different behaviors between people Respect the differences Communicate Successfully

幻灯片 7

Test 1 Fish tank Individualism trend：pay more attention to the fishes Collectivism trend：pay more attention to the surrounding

幻灯片 8

Test 2 A. Chicken B. Hay C. Cattle Individualist：A + C Collectivist：B+C

幻灯片 9

Ranking of Individualism

U. S. A	1	China	36
Australia	2	Peru	37
Great Britain	3	Pakistan	38
Canada	4	Colombia	39
Netherlands	5	Venezuela	40

幻灯片 10

Home
Collectivism
Personal equality
Express one's opinion indirectly
Express one's opinion directly

幻灯片 11

Way of life

幻灯片 12

Boss

Personal equality and freedom

幻灯片 13

Opinion

Express one's opinion directly

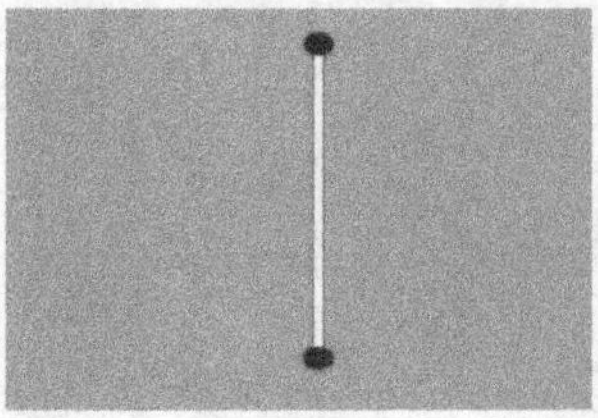

Express one's opinion indirectly

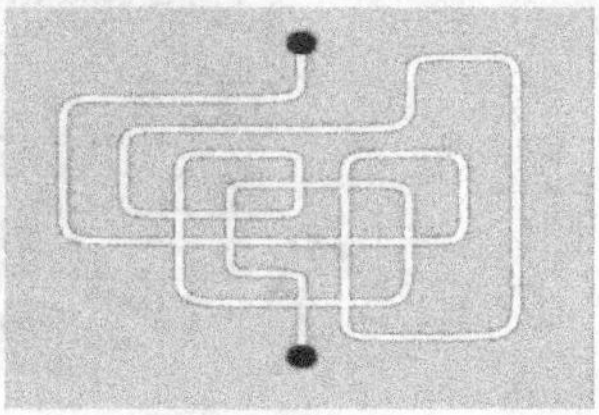

幻灯片 14

China:

the dishes are placed on the table and everyone shares

幻灯片 15

The West:

you have your own plate of food!

Personal freedom

幻灯片 16

China:

Put food into the plates of their guests!

幻灯片 17

The West:

Enjoy yourselves.

幻灯片 18

Pan-foodism vs Pragmatism

泛食主义 vs 实用主义

- Pan-foodism: Everything in Chinese culture is edible, even the invisible and untouchable wind can be eaten, like the frequently mentioned phrase "He xi bei feng".
- Pragmatism: Only eat the necessary food, which has different function for human beings' survival or a way of communication.

幻灯片 19

Pan-foodism of China 中式泛食主义

centipede

Frog

幻灯片 20

Pragmatism of America　美式实用主义

Enjoy meat which give them much energy!

Match the pictures and the words

Turkey

drumstick

sausage

Steak

drumstick

幻灯片 21

Tasty vs Balanced Nutrition

口味 vs 营养均衡

What do you often eat for breakfast?

Chinese people usually eat one or two kind of the above food for their breakfast, such as steamed buns, stuffed meat（小笼包）, deep-fired dough sticks（油条）, rolled, stuffed and fried dough（春卷）, eggs, soy milk, noodle. Chinese people pay more attention to the taste of the food.

幻灯片 22

■ What does American Breakfast mainly include?

American breakfast food mainly includes

bread, milk, yogurt, cereal, meat, vegetables and fruits.

Chinese people do not have the cold fruit in the morning. They are supposed to have them all together at the breakfast. So they like to have hamburgers which contains different source of nutrition.

幻灯片 23

Pay much attention to the nutritional components.

Rye toasts

黑麦吐司

Whole wheat toasts

全（小）麦吐司

White toasts

（精白面粉做的）白吐司

Milk：skimmed milk 脱脂牛奶；whole fat milk 全脂牛奶

Coffee：decaffeinated coffee；half-decaf coffee；black coffee（不加奶的清咖）；white coffee

幻灯片 24

Rich Style of Chinese Formal Banquet

中国的正式宴请非常丰盛

Why does the Chinese host prepare Rich and Splendid Banquet?

· To treat visiting friends generously

· To "earn face" for themselves and to enhance another's face.

幻灯片 25

Rich and Splendid Style vs Simple and Exquisite Style

丰盛排场 vs 简单精致

幻灯片 26

American Simple and Casual Style Banquet

How many courses does an American Banquet contain?

caviar

幻灯片 27

Do you know the order of them?

dessert

soup

Main course

Appetizer

幻灯片 28

Thank You!

附录 4.3 专题微课视频第三讲幻灯片

幻灯片 1

Lecture 3 The Interesting Translation of Dishes' Name

第三讲 有趣的菜名翻译

幻灯片 2

More and more foreigners like Chinese food, and some restaurant's menus show both Chinese and English names for the dishes. However, the poor translations often make the foreigners very confused.

“四喜丸子”翻译成

Four glad meatballs

——四个高兴的肉团

幻灯片 3

Nausea disgust “恶心、反胃”

幻灯片4

Isn't it too directly. 这也太直接了。

幻灯片5

Other Funny but Poor Translations

其他中国菜名的有趣但错误英译

1. 麻婆豆腐：bean curd made by a pockmarked woman（麻子脸妇女做的豆腐）
2. 宫保鸡丁：Government Abuse Chicken（政府虐待鸡）
3. 红烧狮子头：Red-Burnt Lion Head（烧红了的狮子头）
4. 夫妻肺片：Husband and wife's lung slices（丈夫和妻子做的肺片）

Confusing, amusing and even horrible!

幻灯片6

It's not easy to translate the names of Chinese dishes.

1. Many Chinese names of Chinese dishes are beautiful and joyous which can bring a good imagination and appetite.
2. Meanwhile, some other names contain historical and cultural background information which is difficult to reflect by the name.

幻灯片7

In order to make names easier to be understood by foreigners, we'd better refer to the western menu!

幻灯片 8

Western Menu
西式菜单

Generally speaking，the names of western dishes reflect the raw materials（原材料）and the taste of food（食物的口感）.
菜肴的主料（major ingredient）
辅料（minor ingredient）
烹饪方法（cooking method）
汤汁（sauce）/调料（seasoning）
形状（shape）/切法（cutting method）
菜肴起源的人名或地名（The originator' name）
Which information is included in the names of dishes? 菜名中包含了什么成分?

幻灯片 9

Appetizer
开胃菜

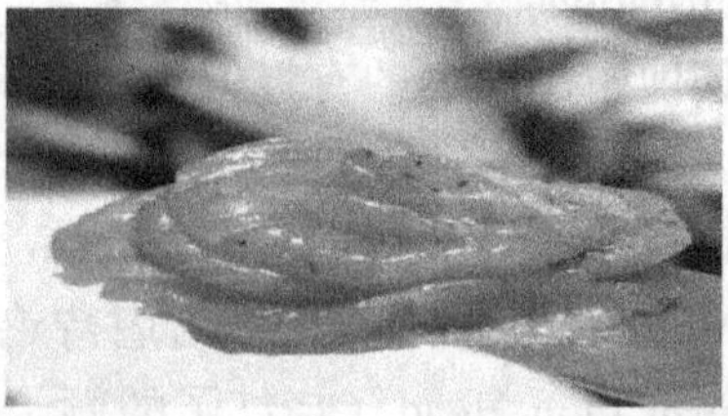

菜肴的主料（Major-ingredient）
Smoked Salmon
烟熏三文鱼
烹饪方法（Method of Cooking）

幻灯片 10

菜肴的主料（major ingredient）
The originator' name（菜肴发明的人名）
Caesar Salad 恺撒沙拉

幻灯片 11

烹饪方法（cooking method）
菜肴的主料（major ingredient）
soup 汤类
Creamed Mushroom Soup 奶油蘑菇汤
Oxtail Soup 香浓牛尾汤

幻灯片 12

Main Course
Minor ingredient
Cooking Method
The major ingredient
Deep-Fried Pork Chop
炸猪排
Roast Sirloin Steak with Red Wine Sauce
西冷牛排配红酒沙司
Shape of food
食物的外形
汤汁（sauce）

幻灯片 13

Method of cooking
烹饪方法
Major-ingredient
主料
Minor-ingredient（sauce）
辅料（酱汁）
Grilled Salmon with Lime Butter
三文鱼烤排配青柠黄油

幻灯片 14

Desserts 甜点类

Major Ingredient 主料

Minor ingredient 辅料

Shape /appearance 外形

1. Caramel Pudding 焦糖布丁

2. Black Forest Cake 黑森林蛋糕

幻灯片 15

Desserts 甜点类

Caramel Pudding 焦糖布丁

幻灯片 16

Translating Formulae 翻译公式

(1) Begin with the major ingredient 以主料开头的翻译方法。

Formula：主料（形状）+（with）辅料+（with，in）味汁

(2) Begin with the ways of cooking 以烹制方法开头的翻译方法。

Formula：烹法+主料（形状）+（with）辅料

(3) Begin with the taste or shapes of food 以形状或口感开头的翻译方法。

Formula：形状（口感）+烹法+主料+（with）辅料+（with）味汁

(4) Begin with the Names of the People or Place 以人名或地名开头的翻译方法。

Formula：人名（地名）+烹法+主料

幻灯片 17

Cooking Methods and Cutting Methods
烹法和切法（形状）

Pan fry	煎	stew	炖
deep fry	油炸	braise	红烧，煨
stir-fry	炒	Twice-cooked stir-fry	回锅
quick fry	爆炒	scald	白灼
bake，roast	烤，烘焙	smoke	熏
steam	蒸	grill	烧烤
boil	煮		

shredded	切丝/条	smashed	捣烂
sliced	薄片	minced	剁碎
Diced/cube	切块	peeled	去皮

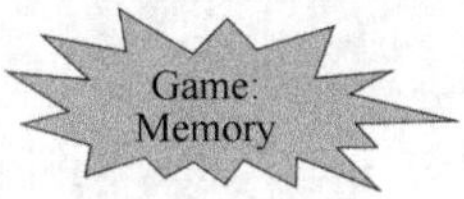

幻灯片 18

Seasoning and Taste 调料和味道

sour	酸	crispy	酥脆
sweet	甜	tender	嫩
bitter	苦	pungent/tongue-numbing	麻
spicy	辣	fragrant	香
light，clean	淡	fresh	鲜

幻灯片 19

1. Begin with the Major Ingredient
以主料开头的翻译方法
(1) Formula：主料（形状）+（with）辅料
杏仁（almond）鸡丁
chicken cubes with almond
西红柿炒蛋
scrambled egg with tomato

幻灯片 20

> 1. Begin with the Major Ingredient
> 以主料开头的翻译方法
> （2）Formula：主料（形状）+（with，in）味汁
> 葱油鸡
> chicken in scallion oil
> 米酒鱼卷
> fish rolls with rice wine

幻灯片 21

> 2. Begin with the Cooking Method
> 以烹制方法开头的翻译方法
> （1）Formula：烹法+主料（形状）
> 软炸里脊肉
> soft-fried pork fillet
> 烤乳猪
> roast suckling pig

幻灯片 22

> 2. Begin with the Cooking Method
> 以烹制方法开头的翻译方法
> （2）Formula：烹法+主料（形状）+（with）辅料
> 仔姜烧鸡条
> braised chicken fillet with tender ginger
> 葱爆羊肉
> quick fried lamb with scallion

幻灯片 23

> 2. Begin with the Cooking Method
> 以烹制方法开头的翻译方法
> （3）Formula：烹法+主料（形状）+（with，in）调味
> 红烧牛肉
> braised beef with brown sauce
> 鱼香肉丝
> fried shredded pork with sweet and sour sauce

幻灯片 24

3. Begin with the Shape or Taste
以形状或口感开头的翻译方法
（1）Formula：形状（口感）+主料+（with）辅料
芝麻酥鸡
crispy chicken with sesame

幻灯片 25

3. Begin with the Shape or Taste
以形状或口感开头的翻译方法
（2）Formula：口感+烹法+主料
水煮嫩鱼
tender stewed fish
香煎鸡块
fragrant pan-fried chicken

幻灯片 26

3. Begin with the Shape or Taste
以形状或口感开头的翻译方法
（3）Formula：形状（口感）+主料+（with）味汁
米酒脆皮虾仁
crisp shrimps with rice wine sauce

幻灯片 27

4. Begin with the Names of the People or Place
以人名或地名开头的翻译方法
（1）Fomula：人名（地名）+主料
麻婆豆腐
Ma Po bean curd
四川水饺
Sichuan boiled dumpling

幻灯片 28

4. Begin with the Names of the Creators or Originating Places
以人名或地名开头的翻译方法
（2）Formula：人名（地名）+烹法+主料
东坡肉
Dong Po stewed pork

北京烤鸭
Peking Duck

幻灯片 29

The same dish can be translated in different ways from different angles.
Take the famous Sichuan Cuisine "宫保鸡丁" for example
There are three or more different translations：
1. sauteed（嫩煎）chicken cubes with peanuts
2. Gongbao chicken cubes
3. diced chicken with chili and peanuts

幻灯片 30

Translation of Famous Chinese Food
In order to popularize stander Chinese and the Chinese culture, it is recommended to translate the Chinese dishes by the pronunciation directly and preserve the spelling or dialect.
本着推广汉语和中国文化的原则，有些菜名宜全部使用汉语拼音；另外，具有中国特色并且也被外国人接受的，但使用的是地方语言拼写或音译拼写的菜名，也保留其拼写方式。
馄饨 Wonton
饺子 Jiaozi
炒面 chow mein
炒河粉 chow fun
豆腐 tofu
粽子 Zongzi

幻灯片 31

If the Chinese name cannot reflect the ways of cooking and the major ingredient, some note can be added to them.

中文菜肴名称无法体现其做法及主配料的，使用汉语拼音，并在后标注英文注释。

锅贴　Guotie (Pan-Fried Dumplings)

窝头　Wotou (Steamed Corn Bun)

油条　Youtiao (Deep-Fried Dough Sticks)

汤圆　Tangyuan (Glutinous Rice Balls)

幻灯片 32

The Popular Chinese dish in America

Fried Sweet and Sour Pork Ribs

糖醋里脊

幻灯片 33

Kung Pao Chicken　宫保鸡丁

幻灯片 34

Spring Rolls　春卷

幻灯片 35

Jiaozi/Chinese Dumplings　饺子

幻灯片 36

Won Ton Soup　馄饨

幻灯片 37

Peking Duck 烤鸭

幻灯片 38

Chow Mein 炒面

幻灯片 39

Fried Shrimps with Cashew nuts 腰果虾仁

幻灯片 40

3&3 Techniques
Method of cooking
Major-ingredient
Minor-ingredient
3 translating Skills
maintaining the Chinese style

幻灯片 41

Skill 1 use verbs expressing Chinese style cooking method
Skill 2 use adjectives highlighting the taste of the cuisine
Skill 3 preserve the Pinyin as the English name

幻灯片 42

America Specialty Foods

幻灯片 43

Baked Alaska （焙烤阿拉斯加/火焰冰激凌）
Ice cream encased 包裹 in some sort of hot pastry crust 油酥糕点外壳

幻灯片 44

Cobb Salad （科布沙拉）

Bacon，fried chicken，butter，egg，blue cheese

幻灯片 45

Buffalo Wings （布法罗辣鸡翅）

A spicy marinade 腌泡汁 and a blue cheese 蓝纹奶酪 dip 蘸汁 make these Buffalo chicken wings a standout snack.

幻灯片 46

Turducken（ short for Turkey-duck-chicken ）（特大啃/火鸡鸭）

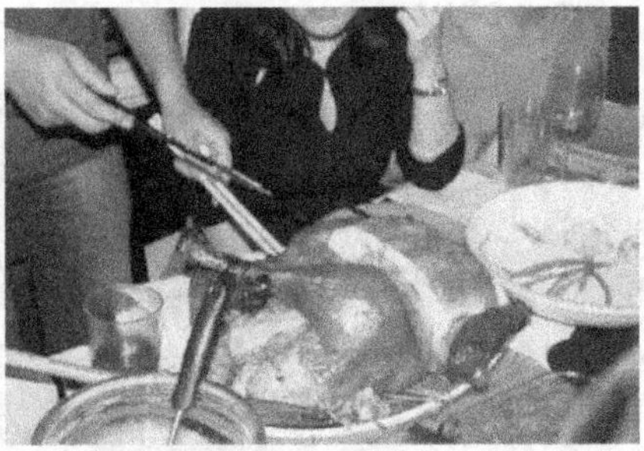

Take a turkey，stuffed ducks in its stomach，then stuffed chicken in the duck，then deep-fried 2-3 hours. It is often eaten on Thanksgiving Day and Chrism as day.

幻灯片 47

Texas Barbecue Pork　（得克萨斯烤肉）

Bacon pieces，salad dressing，cheese

幻灯片 48

Reuben Sandwich　（鲁宾三明治）

幻灯片 49

S′mores（some more）　棉花糖饼干

幻灯片 50

Hope you enjop!
Corn Dog　玉米热狗
Coated in a thick layer of the corn syrup 玉米浓浆 on hot dogs, hot deep-fried for 5 minutes

幻灯片 51

Hope you enjoy!!

附录 4.4　专题微课视频第四讲幻灯片

幻灯片 1

Lecture 4　The Special Dietary Culture
——8 Major Cuisines vs Fast Food
第四讲　特色饮食文化
——八大菜系 vs 快餐文化

幻灯片 2

As we know, China covers a large territory and has many nationalities. Because of different natural factors and social factors, Chinese food is various in different regions.
Influencing Factors
Geography, Climate,
Different local products
Natural Factors
Politics, Economy, Dietary Technology
Social
Factors
Nationalities, beliefs,
eating custom

幻灯片 3

The 8 Major Cuisines of China
According to various features and tastes in different regions, Chinese food can be roughly divided into eight major cuisines.
鲁菜　Shandong Cuisine
川菜　Sichuan Cuisine
粤菜　Cantonese Cuisine
苏菜　Jiangsu Cuisine
浙菜　Zhejiang Cuisine
闽菜　Fujian Cuisine
徽菜　Anhui Cuisine
湘菜　Hunan Cuisine

幻灯片 4

Shandong Cuisine　鲁菜
One of the oldest cuisines in China, with a history of 2500 years.
Originates from Confucius' family banquet, then adopted by imperial kitchen（皇家厨房）and developed into Traditional luxury royal banquet.

幻灯片 5

Shandong Cuisine　鲁菜
It specializes in seafood like prawns（对虾）, sea cucumber（海参）, flounder（比目鱼）

Also emphasizes on soup gravy（汤汁）

幻灯片 6

Famous dishes
糖醋鲤鱼（carp）
Sweat and sour carp

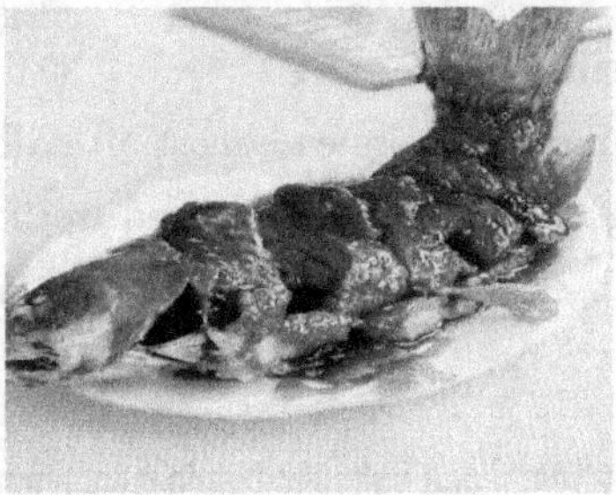

幻灯片 7

Sichuan Cuisine 川菜
Sichuan hot pots（火锅）is the most famous hot pots in the world. Flavor：Spicy and pungent（麻辣），emphasize the use of chili（辣椒）and peppercorns（胡椒）。

幻灯片 8

宫保鸡丁
diced chicken with peanuts

麻婆豆腐
Mapo bean curd/Tofu

幻灯片 9

Cantonese Cuisine 粤菜

Cantonese cuisine incorporates almost all edible meats, including snakes and snails

Flavor: tasting clear, light, crisp and fresh

幻灯片 10

Famous dishes

Cantonese Cuisine 粤菜

广式烧乳猪

Golden roasted suckling pig

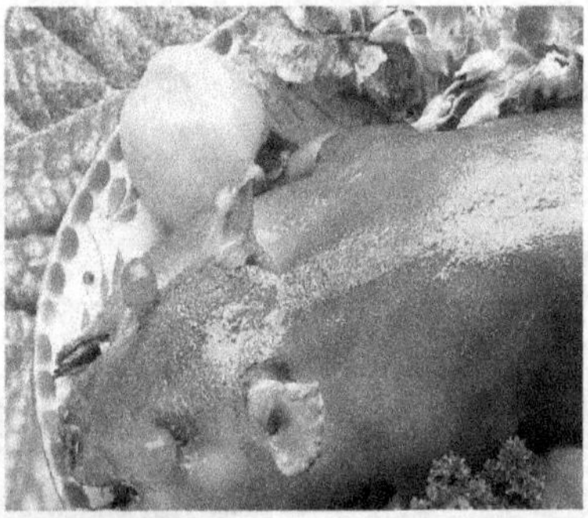

幻灯片 11

Cantonese Cuisine 粤菜

白切鸡

Sliced boiled chicken

幻灯片 12

Jiangsu Cuisine　苏菜

Stress the freshness of materials，well known for its careful selection of ingredients

Pay great attention to soup，which is strong but not greasy（油腻的），and delicious.

Flavor：not-too-spicy

幻灯片 13

Famous dishes

东坡肉

Dongpo's braised pork

幻灯片 14

Baked chicken　叫花鸡

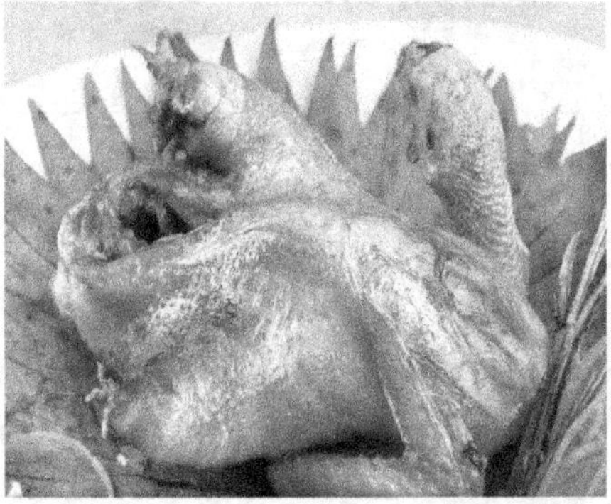

幻灯片 15

Famous
宁波汤圆
sweet soup balls

幻灯片 16

油焖春笋
Braised bamboo shoots

幻灯片 17

Fujian Cuisine 闽菜
distinguished for its choice of seafood, beautiful color and magic taste.
Flavor: sweet, sour, salty and savory (香辣的). The most distinct features are their "pickled taste" (卤味).

幻灯片 18

dishes

佛跳墙 Fotiaoqiang

Steamed Abalone（鲍鱼）with Shark's Fin（鱼翅）and Fish Maw（鱼鳔）in Broth（肉汤）

醉排骨

Spare Ribs in Wine Sauce

幻灯片 19

Fujian Cuisine 闽菜

Peculiar about soup，which is full of changes

Characterized by clear，refreshing and light tastes

幻灯片 20

Anhui Cuisine 徽菜

Anhui cuisine is known for its use of wild herbs（香草，药草）

Braising and stewing are common techniques

Paying great attention to nutritious food.

幻灯片 21

狮子头 pork meat buns

幻灯片 22

Famous food

Zhejiang Cuisine　浙菜

火腿炖甲鱼

Ham stewed turtle

香菇板栗

Mushrooms chestnut

幻灯片 23

Hunan Cuisine　湘菜

Flavor：It characterizes itself by thick and pungent flavor. Chili，pepper and shallot（青葱）are usually necessaries in this division.

幻灯片 24

Flavor: not greasy, wins its
reputation for freshness, tenderness, of its dishes with mellow fragrance.
剁椒鱼头
Steamed fish head with diced hot red peppers

幻灯片 25

美国快餐文化
American fast food culture

幻灯片 26

Fast-food chains, American-style, are currently on the increase all over the world. The United States has the largest fast food industry in the world, and American fast food restaurants are located in over 100 countries.

幻灯片 27

Less of time in having dinner
More time in working and making money
Convenience
The lower price
更少的时间在吃晚饭
更多的时间在工作和赚钱

幻灯片 28

What dose fast food consist of?
A typical fast food meal in the United States consists of French fries, a hamburger and soft drink.

幻灯片 29

A drive - through, or drive - thru allows customers to purchase products without leaving their cars.

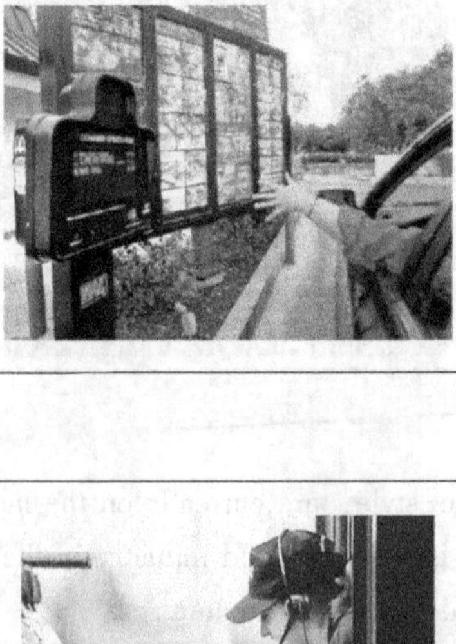

幻灯片 30

Fast food is designed to be eaten "on the go" (路上吃), often is eaten as a finger food.